Publié avec l'autorisation de Editora Sextante
(GMT Editores Ltda.), Brasil
Titre original : *Todo mundo tem um anjo da guarda*

Présente édition :
Traduction : Élodie Dupau
Relecture : Yannis Chevalier
Maquette : Élisabeth Chardin
Design de couverture : Antartik
Photo de couverture : Adobe Stock

10, place des Cinq-Martyrs-du-Lycée-Buffon
75015 Paris – France
ISBN : 979-10-285-1551-5

RESSOURCES & SENS

PEDRO SIQUEIRA

VOUS AUSSI, VOUS AVEZ UN ANGE GARDIEN

Enseignements sur les êtres spirituels qui nous protègent

Traduction du portugais (Brésil) d'Élodie Dupau

LEDUC.S
PRATIQUE

Je dédie ce livre à mes compagnons de prière,
le frère Juan Antonio, Otto Blanco et Alexandre Pinheiro.

La richesse spirituelle que vous m'apportez n'a pas de prix !

Comme toujours, je dédie aussi ce livre à mes amours,
Natália et João Antônio.

SOMMAIRE

INTRODUCTION

Dans mon livre précédent, *Vous pouvez parler avec Dieu*, je donnais quelques éléments utiles à la prière personnelle. Je souhaitais ainsi encourager tout un chacun à consacrer un moment de sa journée au Père Céleste. Je voulais aussi montrer que les lecteurs sont capables de se rapprocher du Créateur.

Dans ce même livre, la première partie du chapitre « Conditions d'une bonne relation avec le monde spirituel » était consacrée à la prière que l'on fait aux côtés de son ange gardien. Cela a eu un grand impact ! Depuis, où que j'aille diriger des groupes de prière, les fidèles me demandent s'ils ont un ange protecteur. Désireux d'en savoir davantage sur les êtres spirituels, ils se posent d'innombrables questions.

Ma réponse est toujours la même : tout le monde a un ange gardien ! Et à chaque fois, les gens me regardent très étonnés : « Comment ça ? Tous les êtres humains à la surface de la Terre ont un ange gardien ?! » Je leur réponds que oui. Dès la conception, Dieu désigne un être angélique à chacun de nous pour l'accompagner tout au long de son voyage dans ce monde.

Certains lecteurs se demanderont sans doute comment je peux l'affirmer avec autant de certitude. Ma conviction vient de mon expérience personnelle. Cela fait quarante-cinq ans, depuis ma naissance, que je cohabite avec les anges et, en particulier, avec mon ange gardien, I.

Un jour, à Recife, après la récitation du chapelet, un monsieur m'a dit :

— Pedro, ça doit être merveilleux de se réveiller et de s'endormir entouré par des anges. Votre vie doit ressembler au paradis !

— Je suis désolé de vous décevoir, mais ce n'est pas tout à fait ça… ai-je répondu en souriant.

— Mais pourquoi ?! Pendant la séance vous avez dit que dès le matin, vous faites des prières avec votre ange gardien, a-t-il répliqué en me dévisageant, l'air un peu perdu.

— Oui, c'est vrai.

— Et le soir cet ange, celui dont vous parlez sur votre chaîne YouTube, vient vous voir, non ?

— Tout à fait. Et quand il n'apparaît pas je l'appelle. Normalement, s'il n'est pas occupé par une affaire urgente dans le monde spirituel, il vient me rejoindre. Nous prions, il me donne une ou deux instructions puis repart au Paradis pendant mon sommeil.

— Alors ?! C'est merveilleux, Pedro ! s'est exclamé l'homme en ouvrant grand les bras.

— Je ne peux pas dire le contraire. Mais il y a un détail important qui me cause quelques problèmes.

— Lequel ?

— Être accompagné d'I. est en effet quelque chose de très spécial. Et c'est fantastique, parfois, de me retrouver en présence d'autres êtres angéliques. Mais malheureusement, les anges déchus font aussi partie de ma vie.

— Qu'est-ce que c'est que ça ?

— Des démons. Les personnes dotées d'une vision spirituelle n'ont pas seulement accès à ce qui est bon : elles finissent aussi par voir et subir des attaques d'esprits malins, vous comprenez ?

— Je crois que oui…

Et l'homme est reparti, dubitatif.

Je dois donc mettre les choses au clair : quand j'évoque les anges que je côtoie, je ne veux pas dire que ma vie n'est peuplée que d'anges bons. Selon l'Apocalypse 12.7-9 : « Il y eut alors un combat dans le ciel : Michel, avec ses anges, dut combattre le dragon. Le dragon, lui aussi, combattait avec ses anges, mais il ne fut pas le plus fort ; pour eux désormais, nulle place dans le ciel. Oui, il fut rejeté, le grand dragon, le Serpent des origines, celui qu'on nomme Diable et Satan, le séducteur du monde entier. Il fut jeté sur la terre, et ses anges furent jetés avec lui. »

Les anges déchus – ceux qui ont été expulsés du Paradis par l'archange Saint Michel et son armée (la milice céleste) et qui sont communément appelés démons – font aussi partie de mon quotidien, ils lancent des attaques contre moi, contre mes amis ou ma famille. Mais j'y reviendrai. Dans ce livre, je parlerai surtout des anges qui vivent en compagnie de Dieu et tout particulièrement de l'action des anges gardiens.

Je me souviens que dans les années 1990, peu après que j'ai commencé à organiser des rencontres de prière dans l'église du quartier où j'ai grandi, un groupe de femmes est venu me voir à la fin d'une réunion. Pendant cette séance, j'avais mentionné la présence d'I. et indiqué que d'autres anges gardiens se trouvaient là, avec nous.

Ce soir-là, ce groupe avait ressenti quelque chose de spécial et cette atmosphère différente avait fait forte impression. Les dames m'ont affirmé qu'elles n'avaient jamais rien vécu de similaire. Elles n'en comprenaient pas la raison, car elles fréquentaient cette église et priaient le chapelet tous les jours. Elles voulaient savoir ce qui avait changé.

Quelques hommes ont alors rejoint le groupe et tout le monde s'est mis à parler en même temps, réclamant une explication. Ils exigeaient, « par justice », que je décrive, dans l'une de nos prochaines rencontres, mon ange gardien et les autres êtres angéliques qui se rendaient visibles à mes yeux. J'ai accepté.

Tant d'années après cet événement, je ne me souviens plus avec précision des endroits où j'ai fourni des éléments sur les anges et décrit I., ni si j'ai expliqué comment ces êtres de lumière procèdent en général.

Pour éviter toute omission sur le sujet ou toute injustice envers ceux qui, bien que me suivant depuis des années sur les réseaux sociaux, ne m'ont jamais entendu évoquer mon ange gardien ni aucune des créatures des différents chœurs célestes, je vais répondre dans les lignes qui suivent.

I. est un archange d'environ trois mètres de haut, sans ailes. Il surgit instantanément dans mon champ de vision, et pas des plus discrètement. Il est le plus souvent vêtu d'une tunique verte avec des motifs dorés sur le col et les manches. Il ne porte en général aucun objet, mais cela peut lui arriver s'il veut me faire passer un message. Un jour, quand j'étais adolescent, j'ai subi une attaque démoniaque à la maison. I. est apparu et s'est interposé. Il a expulsé l'ennemi à l'aide d'une épée de lumière verte.

La peau de mon ange gardien est lumineuse (c'est une façon de parler, puisque les êtres angéliques n'ont pas de corps, ils sont purement esprits) et elle émet une douce lumière vert clair. Ses cheveux sont de même, mais un peu plus foncés, rappelant le feuillage moins dense de la forêt atlantique de Rio de Janeiro. Ils semblent voler au vent, vu leur mouvement constant.

Ses yeux sont comme deux émeraudes étincelantes. On n'y distingue pas de cornée, d'iris, d'humeur aqueuse, de muscles ciliaires, de cils ou de sourcils. On a plutôt l'impression qu'ils sont pure lumière. Leur éclat peut varier selon la situation. Lors de ma première opération de la jambe gauche, pour l'extraction d'une tumeur osseuse, quand j'avais sept ans, I. est resté à côté de mon lit, à l'hôpital, toute la nuit. Il me regardait fixement et émettait une lumière bleu argenté sur tout mon corps. La sensation était merveilleuse.

Son visage est anguleux, avec des lèvres fines et harmonieuses et un nez droit et fin. Son cou est long et étroit, mais équilibré avec son corps élancé, ce qui lui donne de l'élégance. Il est toujours pieds nus et a une voix spéciale, qui peut sonner à mes tympans comme du tonnerre (quand il me reproche quelque mauvaise action) ou comme la plus belle des mélodies, à la justesse et à la technique vocale parfaites (quand il entonne des cantiques au Père Céleste, par exemple).

Je n'ai pas un ange gardien parce que je suis catholique ou baptisé. Avoir un ange protecteur ne découle d'aucune religion. Il s'agit, simplement, d'un présent de Dieu à toute l'espèce humaine. Certaines personnes nourrissent cette relation d'amitié tout au long de leur vie, quand d'autres ignorent ou ne croient pas en la présence de leur ange tutélaire.

Je suis sûr et certain que même une personne n'ayant aucune religion définie ou ne croyant pas au Père Céleste arrive en ce monde accompagnée d'un ange gardien. Dans le même sens, le fait de jouir ou non de cette compagnie ne relève pas non plus de la formation de l'être humain dans le ventre de la mère ou bien de l'accouchement, mais bien de la façon dont la personne est élevée, grandit et assume sa place sur Terre, avec ses croyances et ses convictions.

Dans les différentes villes où je passe pour mon ministère de prière, j'ai vu des anges gardiens aux côtés de catholiques, de juifs, de bouddhistes, de kardécistes[1], d'umbandistes[2], d'évangélistes, d'hindouistes et de musulmans – pardon si je fais un impair en ne citant pas d'autres religions ou croyances spirituelles. Parfois, je vois des anges auprès de personnes qui disent ne pas avoir de religion, mais croire en Dieu. Et toutes consacrent un peu de leur temps à cultiver l'amitié avec leur protecteur.

La certitude que les fidèles ont de l'existence des anges gardiens est louable. Sans jamais les avoir aperçus, ils affirment leur présence dans notre monde et dans nos vies avec conviction. Ils accomplissent ainsi la parole de Dieu : « Heureux ceux qui croient sans avoir vu. » (Jean 20.29). Aux yeux du Créateur, cette attitude a une valeur bien supérieure à celle de n'importe quel don de vision spirituelle.

Je répète le principe de base de ce livre : nous avons tous un ange gardien, et ce dès le moment de notre conception. Pour donner de nouveaux fondements à cette affirmation, je vais rappeler l'expérience mystique que j'ai vécue fin 2010, dans le Sanctuaire de Aparecida do Norte[3].

Dans ce lieu saint, un archange portant une tunique violette nous a informés, ma femme et moi, que nous allions avoir un fils.

---

1. Doctrine fondée sur l'existence des esprits et la croyance en Dieu, en la réincarnation et en la communication avec l'au-delà, codifiée par Allan Kardec au XIXe siècle à Paris. Largement répandu en Amérique latine, le spiritisme compte actuellement plus de dix millions d'adeptes à travers le monde. Au Brésil, c'est une religion importante, influente dans la sphère politique comme dans la vie sociale (toutes les notes sont de la traductrice).

2. L'umbanda est une religion brésilienne qui emprunte aux religions africaines (vénération des *orishás*, divinités, notamment), au catholicisme (Dieu unique suprême, charité) et au spiritisme (communication avec les esprits). À São Paulo, une faculté de Théologie umbandiste délivre un diplôme d'État sanctionnant quatre années d'études.

3. Le Sanctuaire National de Nossa Senhora Aparecida se situe dans l'État de São Paulo au Brésil. C'est la plus grande cathédrale du monde, dont la construction a débuté en 1946 et qui a été sacrée en 1980.

Il s'est présenté comme l'ange gardien de l'enfant qui se trouvait dans le ventre de sa mère. Or nous ne savions pas que mon épouse était enceinte. Un test de grossesse, le lendemain, nous l'a confirmé. Toutefois, il nous a fallu attendre quelques mois pour confirmer, par échographie, le sexe du bébé.

En plus de l'importance que l'intimité avec son ange gardien représente dans la vie spirituelle, un autre fait notable m'a encouragé à écrire ce livre : la confusion que certaines personnes font entre les êtres angéliques et les esprits humains de grande pureté, charité et amour.

D'après certains kardécistes qui fréquentent mes rencontres de prière, les anges seraient en réalité des esprits humains de lumière, qui auraient évolué et atteint un niveau d'excellence spirituelle. Avec tout le respect que je leur dois, je ne suis pas d'accord.

Les êtres angéliques ne peuvent être confondus avec aucune âme humaine. Je suis en contact avec des âmes configurées au Christ, comme Saint François d'Assise, Sainte Rita de Cascia, Saint Padre Pio et Saint Jérôme – pour ne citer que quelques noms. Ils ne ressemblent en rien aux anges. Ils n'ont ni les mêmes fonctions, ni les mêmes pouvoirs, ni la même apparence.

Par ailleurs, il m'est déjà arrivé que des personnes de confessions différentes, y compris des catholiques plus radicaux, viennent me voir au cours de séances d'autographes pour me soutenir que les anges sont de la fiction pure et dure.

Pour les gens qui n'ont pas la foi ou qui l'ont perdue, l'existence de telles créatures n'a pas de sens, puisque Dieu n'a besoin d'aucune sorte d'aide pour s'occuper de nous ou de la Terre. Ces personnes considèrent en effet que le Père Céleste, du fait de son omnipotence, n'a besoin de rien ni de personne pour réaliser ses plans.

Cet argument n'est pas valable. Dieu est de fait omnipotent ; cette vérité est indiscutable. Mais cela ne signifie pas qu'il refuse de recourir à ces créatures pour donner une nouvelle forme à son œuvre.

Le Créateur n'a pas besoin, par exemple, de nos pères ou nos mères pour nous mettre dans ce monde. Pourquoi, alors, avons-nous un père et une mère ? En vérité, le Seigneur de l'Univers n'a même pas besoin de notre présence en ce monde. Mais nous existons, n'est-ce pas ? Pourquoi a-t-il décidé de faire tout cela ?

Un des principaux documents de l'Église catholique, qui ôte bien des doutes, est le Catéchisme. Il s'agit d'une compilation des connaissances de la foi accumulées pendant plus de deux mille ans d'histoire et dont la formulation précise est reconnue par le Vatican. Eh bien au numéro 295 du livre, nous trouvons une bonne réponse aux questions précédentes : « [Le monde] procède de la volonté libre de Dieu, qui a voulu faire participer les créatures à son être, sa sagesse et sa bonté. » Les anges et les êtres humains existent, donc, par un acte d'amour du Créateur, qui désire que nous collaborions à Son œuvre, pour Sa gloire et Sa félicité.

En outre, Dieu a voulu que les anges tissent des liens d'amitié étroits avec nous. Le Père Céleste se réjouit de voir que Ses enfants et les créatures angéliques cohabitent dans l'harmonie et la paix. C'est pourquoi, dans Son immense bonté, Il a décidé de désigner un être angélique à chaque être humain pour l'aider et le défendre, et ainsi accomplir la volonté du Tout-Puissant. Ces créatures spéciales font preuve d'une obéissance et d'un amour sans faille !

Pendant toutes ces années, j'ai pu observer que chaque ange ne protège qu'une seule personne. Notez bien comme c'est intéressant : vous avez un ange gardien, donné par Dieu, pour vous tout seul ! Tant que vous serez vivant sur cette Terre, cet être angélique sera votre protecteur exclusif. Et si vous êtes assez intime avec lui, il vous conduira lui-même à la demeure céleste le jour de votre mort.

I., par exemple, est mon gardien et je suis son seul et unique protégé ! Je peux, parfois, lui demander d'aider et de protéger quelqu'un d'autre et il le fera, au moment opportun. Mais c'est quelque chose d'exceptionnel, car ce n'est pas sa tâche originelle.

Un jour, dans la ville de São Paulo, une femme s'est exclamée devant tout le groupe de prière :

— Mais Pedro, c'est impossible ! Nous sommes nombreux ici sur Terre. Si chacun avait son propre ange gardien, ils seraient aussi nombreux que nous ! Vous imaginez ? Ça voudrait dire que la Terre, qui est déjà en surpopulation, porterait tout un tas de créatures en plus ? Comment pourrions-nous tous cohabiter en paix ?

— D'abord, n'oubliez pas que les anges ne sont pas des créatures corporelles comme nous. Donc ils ne prennent pas la place que nous prenons. Aucun besoin, donc, de chercher à faire cohabiter tout le monde !

« Je ne comprends pas pourquoi les gens persistent à considérer que le monde spirituel est identique au nôtre… » ai-je pensé.

— D'accord. Mais quand même, s'il y a autant d'anges, j'imagine que quelqu'un comme vous, avec tous ces dons, n'est jamais en paix. Vous devez voir passer des anges partout, tout le temps ! a-t-elle insisté.

— Ça ne marche pas tout à fait comme ça.

— Comment ça ? Vous ne voyez pas les anges ?

— Si, mais vous faites fausse route. Vous voyez, quelqu'un qui est capable de voir le monde spirituel est un peu comme une antenne de télévision.

— Je ne comprends pas…

— Pensez à votre télévision. Comment faites-vous pour capter une chaîne ?

— J'ai juste à appuyer sur le numéro de la chaîne, sur la télécommande.

— Exactement. Et vous savez pourquoi ?

— Je ne comprends rien à tous ces trucs, Pedro ! s'est-elle exclamée, déjà impatiente.

— Il existe plusieurs fréquences. Si vous vous mettez sur une chaîne précise, vous allez voir tout ce qui est là, mais vous ne pourrez pas voir les autres canaux. De nos jours, il existe des appareils qui captent plus d'une chaîne en même temps et qui affichent deux images en simultané. Seulement il y a des limites : on ne peut pas voir toutes les autres chaînes.

— Ah oui, ma télévision arrive à faire ça – elle retrouvait enfin le sourire.

— Avec le monde spirituel c'est la même chose. Je dois capter une chaîne. Je ne suis pas capable de voir tout ce qui se passe en même temps. Je ne connais, d'ailleurs, personne qui sache le faire, car il existe de nombreuses dimensions différentes.

— Alors, pendant les réunions du chapelet, vous n'arrivez pas à voir tout ce qui se passe dans le monde spirituel ? Rien qu'une partie ?

— Exactement. Vous avez tout compris ! Je ne vois que ce que j'arrive à capter. Il existe peut-être des fréquences bien plus difficiles, que je n'arrive pas à atteindre pour l'instant. Par ailleurs, ces visions dépendent aussi de la permission de Dieu.

— Mais alors, Pedro, pendant la prière, il y a beaucoup plus d'anges que vous n'en voyez ?

— Oui. En vérité, ils sont bien plus nombreux que nous, les humains !

On peut déduire cela des passages du Livre de Daniel 7.10 (« Des milliers de milliers le servaient, des myriades de myriades se tenaient devant lui. ») et du Livre de l'Apocalypse 5.11 (« une multitude d'anges [...] ; ils étaient des myriades de myriades, par milliers de milliers. »).

Elle m'a regardé d'un air étonné, mais elle a compris. Cependant, mon explication a attisé sa curiosité et déclenché une avalanche de questions :

— Pedro, si c'est comme ça, pourquoi n'y a-t-il pas plus de gens qui réussissent à voir, à entendre ou à sentir leur propre ange gardien ? Tout le monde peut communiquer avec lui d'une façon ou d'une autre, non ?

— Du calme, madame. Pour répondre à toutes vos questions, il faudrait écrire un livre ! Aujourd'hui nous n'avons pas le temps d'approfondir le débat. J'ai un avion à prendre pour rentrer à Rio de Janeiro.

— Mais beaucoup de gens se posent toutes ces questions, Pedro. Vous devriez écrire un livre !

Elle avait bel et bien raison : ce thème a une réelle importance et mérite qu'on y consacre un livre.

Une autre question intéressante revient dans les sessions d'autographes : un catholique est-il obligé de croire en l'existence des anges ? Pour l'Église catholique, l'existence des anges est une vérité de foi. Qu'est-ce que cela signifie ?

Si les vérités de foi ne sont pas des dogmes, elles sont l'objet d'une croyance et d'une vénération au sein du peuple catholique. Avec le temps, elles peuvent connaître un développement doctrinal et, si nécessaire, accéder au statut de dogmes.

Le Catéchisme de l'Église catholique, dans son numéro 328, explique que : « L'existence des êtres spirituels, non corporels, que l'Écriture Sainte nomme habituellement anges, est une vérité de foi. »

Lorsque le Pape fait une déclaration formelle et solennelle sur une vérité de foi, elle obtient le statut de dogme. Devenant alors immuable, elle est aussi considérée comme infaillible par le peuple catholique et ne peut plus être remise en question.

L'existence des anges se confirme dans la prière même du Credo : « Je crois en un seul Dieu, le Père Tout-Puissant, Créateur du ciel et de la terre, de l'univers visible et invisible. » Les anges, évidemment, font partie du monde invisible. Pour l'Église catholique, l'existence des êtres angéliques est une vérité de foi, qui admet donc des approfondissements, des débats et des explications.

D'après ce qui est écrit au numéro 329 du Catéchisme, Saint Augustin a enseigné que « «Ange» désigne la fonction, non pas la nature ». Qu'est-ce que cela signifie ? Il explique que le nom « ange » traduit ce que la créature fait (en l'occurrence, être messager de Dieu) et non pas ce qu'elle est. Quoi qu'il en soit, nous avons pris l'habitude d'appeler ces êtres « anges ».

Des numéros 330 à 335, le Catéchisme dit clairement que les anges sont des êtres dotés d'intelligence et de volonté qui, en plus d'être immortels, « dépassent en perfection toutes les créatures visibles ». Comme nous, ils ont leur individualité, leurs caractéristiques propres et ne peuvent être confondus entre eux. Cependant, ils ne nous dépassent pas en dignité. Pourquoi donc ?

Dans la Lettre aux Hébreux (1.3-4), Saint Paul nous parle de Jésus de la manière suivante : « Rayonnement de la gloire de Dieu, expression parfaite de son être, le Fils, qui porte l'univers par sa parole puissante, après avoir accompli la purification des péchés, s'est assis à la droite de la Majesté divine dans les hauteurs des cieux ; et il est devenu bien supérieur aux anges, dans la mesure même où il a reçu en héritage un nom si différent du leur. »

Dieu s'est fait homme en Jésus-Christ. Il ne s'est pas fait ange. C'est à Lui, notre Sauveur, que les anges prêtent leurs services, avec amour, honneur et adoration. En vertu des mérites du Christ, sa mère, la Vierge Marie (un être humain comme nous), a obtenu le titre de Reine des Anges. Les anges l'entourent et lui obéissent, dans une grande vénération.

Sur les anges gardiens, plus précisément, le Catéchisme affirme au numéro 336 que « du début de l'existence au trépas, la vie humaine est entourée de leur garde et de leur intercession ». J'irai même plus loin, et j'insiste : ils nous protègent, nous, les humains, dès notre conception et nous conduisent, comme je l'ai déjà dit, à la demeure céleste lorsque nous mourons, si nous avons tissé des liens d'amitié avec eux.

Si les informations fournies par le Catéchisme sont très intéressantes (sans compter tous les fondements du Magistère de l'Église), la curiosité des gens en demande beaucoup plus. Je ne compte plus le nombre de personnes qui m'interrogent sur le pouvoir des anges, sur leurs noms, leur apparence et leur caractère, sur leurs moyens de communication et leurs fonctions auprès de nous et du Père Céleste.

Dans ce livre, je tâcherai d'aborder tous ces aspects sous le prisme de mon expérience personnelle et du contact que j'ai noué avec ces créatures merveilleuses tout au long de mon existence. Mon intention n'est pas seulement d'assouvir la curiosité d'autrui sur nos gardiens angéliques. Par-dessus tout, je souhaite démontrer leur importance dans nos vies et inciter les lecteurs à cohabiter avec eux, sur la base du récit de mon expérience et de mes visions mystiques.

L'intimité avec les saints Anges de Dieu joue un rôle non négligeable pour le salut humain. Ce n'est pas seulement mon opinion : c'est quelque chose qui nous a été communiqué, voilà plusieurs siècles, par un grand archange, le Prince de la milice céleste, Saint Michel. Lors d'une apparition à une illustre servante de Dieu, la sœur carmélite Antónia de Astónaco, il a demandé à être honoré avec les hiérarchies angéliques, et que Dieu soit glorifié, à travers la récitation de neuf invocations. Celles-ci sont des appels adressés aux neuf chœurs des anges et ont donné son origine au Chapelet à Saint Michel (dont la prière figure dans son intégralité à la fin de cet ouvrage). Sa pratique a été pleinement approuvée par le Pape Pie IX en 1851.

Selon l'archange, quiconque lui rendrait ce culte serait accompagné, à l'instant où il s'approcherait de la Sainte Table de l'Eucharistie (c'est-à-dire au moment de la communion), d'un cortège de neuf êtres angéliques, choisis parmi les neuf chœurs. Il a aussi promis, à tous ceux qui réciteraient chaque jour les neuf salutations, son assistance ainsi que celle des autres anges tout au long de leur vie et, après leur mort, la délivrance du purgatoire pour eux et leurs parents.

C'est pourquoi, quand je prie le chapelet, j'accomplis les neuf salutations à chacun des neuf chœurs célestes avant de prononcer les *Ave Maria* du premier ministère. Je tiens toujours à les honorer, car je connais la valeur de cette dévotion. Et je le fais aussi à chaque fois que je dirige un groupe de prière, où que ce soit.

Vous l'avez compris, le thème des anges gardiens est fondamental pour quiconque tend à une vie spirituelle plus profonde. L'Église catholique, consciente de leur importance, valorise la dévotion aux anges en les célébrant lors de deux dates – plus connues par les fidèles sous le nom de « fêtes » – qui leur sont consacrées : le 29 septembre (Jour des saints archanges Michel, Raphaël et Gabriel) et le 2 octobre (Jour de l'Ange gardien).

J'espère que grâce à ce livre, les lecteurs prendront l'habitude de cheminer au quotidien avec ces créatures si puissantes, qui nous ont été données comme des présents par le Père Céleste. Croyez-le : votre vie peut nettement s'améliorer et changer en tous points si vous cohabitez et cultivez l'amitié avec votre ange protecteur !

PARTIE I

HIÉRARCHIES ET CHŒURS ANGÉLIQUES

Les êtres angéliques interviennent dans notre réalité sur l'ordre du Créateur. Quelques-uns d'entre eux régissent directement la matière, tandis que d'autres le font de façon indirecte, en supervisant ou en commandant des créatures qui ont pour mission de modeler les événements et les transformations de notre monde, tout en respectant, cependant, notre libre arbitre.

Comme je l'ai déjà dit, je n'ai jamais vu deux anges identiques. Les êtres angéliques se distinguent tous les uns des autres par leur apparence et l'exercice de leurs fonctions. Certaines personnes commettent l'erreur de penser qu'ils sont tous égaux. Il y a quelques années, une dame est venue me voir à la fin d'une messe à l'église de Santa Mônica, à Rio de Janeiro, où j'avais pris part au ministère musical.

— Pedro, pendant qu'on chantait j'ai fermé les yeux et visualisé une nuée d'anges près du plafond de l'église. Ils étaient comme des oiseaux. Ils allaient et venaient tous ensemble, synchronisés, et passaient près de l'autel. C'était beau !

— Je ne comprends pas bien, madame... Comme des oiseaux ?!

— Pedro, les anges agissent ensemble. Ils font toujours la même chose. Ils n'ont pas vraiment une idée précise de leurs tâches, puisqu'ils obéissent aveuglément aux demandes de Dieu, a-t-elle ajouté confiante.

— Je suis vraiment désolé, madame, mais je n'ai jamais vu d'anges se comportant comme des pigeons ! D'ailleurs, ceux que je connais ne ressemblent pas à des petits oiseaux ou à ce type de choses : je n'en ai jamais vu un seul qui ait des ailes. Un autre détail : ils ont un libre arbitre, comme nous, les humains. Ils obéissent au Père Céleste par amour. Ils n'agissent pas par instinct, aveuglément, comme vous le dites. On ne peut confondre les anges ni avec les humains ni avec les animaux en général...

La femme a tourné les talons et quitté l'église en colère, en marmonnant des mots que je n'ai pas bien entendus ; quelques jours plus tard, elle est allée se plaindre à mon guide spirituel, le frère Juan Antonio González, qui appartient aux augustins récollets. Celui-ci, à son tour, est venu me raconter, plutôt jovial, qu'il avait aussi essayé d'expliquer à cette dame, en vain, que les anges ont une volonté propre et qu'ils n'agissent ni ne se comportent comme des oiseaux.

Le fait que les êtres angéliques ne soient pas tous identiques ne devrait pas nous étonner. Il suffit d'observer l'espèce humaine. Nous sommes tous différents les uns des autres mais, parfois, nous entendons des Occidentaux dire que les Asiatiques se ressemblent tous. Inversement, des Asiatiques pensent la même chose des Occidentaux. Si, toutefois, on demande à des personnes de la même région si elles trouvent qu'elles se ressemblent physiquement, la question va les agacer et elles répondront avec conviction que non. Pourquoi ? Parce qu'elles sont habituées à voir leurs traits distinctifs, chaque jour, depuis des générations.

Prenons un autre exemple : celui des « vrais » jumeaux. Ceux qui ne les côtoient pas souvent trouvent qu'ils sont identiques et n'arrivent pas à percevoir les différences qui existent pourtant bel et bien. En revanche, leurs parents et leurs amis ne se trompent jamais – ils peuvent désigner qui est qui sans la moindre hésitation. Pourquoi ? C'est la même explication : comme ils sont habitués à les voir, ils distinguent tout de suite les traits propres à chacun. Leurs yeux entraînés ne peuvent pas les confondre l'un l'autre.

C'est pareil avec les anges. Si une personne dispose du don de vision spirituelle, elle doit avoir l'habitude de s'en servir pour être capable de les identifier sans s'emmêler les pinceaux. Pourquoi ? Parce que les anges, tout comme nous, possèdent des traits communs. Dans un premier temps, ces ressemblances attirent notre attention et les font paraître identiques à nos yeux. Cela vaut pour toutes les catégories d'êtres angéliques.

S'il existe des fonctions communes aux différents groupes d'anges, chaque ange exécute ses tâches à sa façon. Pour comprendre ce que je dis, il suffit à nouveau de penser à nous. La médecine recouvre plusieurs spécialités et dans chacun de ses champs les médecins ont une formation similaire. Ainsi, tous les anesthésistes diplômés de la même université ont très certainement étudié les mêmes matières fondamentales, ils ont donc la même formation. Cela ne signifie pas, c'est sûr, qu'ils exercent la médecine de la même manière. Chacun a sa façon de faire. En outre, il y a des médecins plus talentueux que d'autres, dotés de davantage de ressources culturelles et intellectuelles. C'est un peu pareil avec les êtres angéliques.

Quoi qu'il en soit, on trouve dans chaque chœur des créatures qui se ressemblent beaucoup. C'est pourquoi tous les archanges paraîtront égaux à des yeux capables de les voir, mais peu expérimentés. Si, toutefois, on compare les créatures de chœurs différents, on trouvera des différences plus marquées, comme c'est par exemple le cas entre les Anges et les Vertus, qui ne présentent pas la moindre similitude.

Les trois hiérarchies et les neuf chœurs célestes constituent les divisions que je considère les plus didactiques pour classer les êtres angéliques. Les chœurs sont regroupés trois par trois au sein des hiérarchies, selon le schéma suivant :

1re HIÉRARCHIE

- Séraphins
- Chérubins
- Trônes

2e HIÉRARCHIE
• Dominations
• Vertus
• Puissances

3e HIÉRARCHIE
• Principautés
• Archanges
• Anges

La première hiérarchie réunit les êtres angéliques les plus proches de Dieu : les Séraphins (cités dans Isaïe 6.2), les Chérubins (Genèse 3.24 ; Exode 25.18 ; 1 Rois 6.23 ; Psaumes 98.01 ; Ézéchiel 10.3 ; Daniel 3.55) et les Trônes (Colossiens 1.16). La seconde, un peu plus éloignée du Tout-Puissant, est composée des Dominations (Éphésiens 1.21), des Vertus (Éph. 1.21) et des Puissances (Éph. 1.21 ; 1 Pierre 3.22). La troisième et dernière regroupe les Principautés (Colossiens 1.16), les Archanges (Tobie 3.17 ; Daniel 8.16, 9.21, 10.13-21, 12.1) et les Anges.

Sur notre planète, ce sont les créatures de la dernière hiérarchie qui interviennent. Les autres n'ont pas une action directe sur notre réalité. Dans l'ordre d'importance, en prenant pour base les pouvoirs qu'elles détiennent et le commandement qu'elles exercent ici, nous avons, en premier lieu, les Principautés. Puis les Archanges et, enfin, les Anges. J'en dirai davantage sur leurs fonctions dans le chapitre suivant, lorsque je décrirai les visions que j'ai eues de chacune de ces créatures. Mais quelles sont, en général, les fonctions des autres chœurs ?

Considérons la première hiérarchie. Les Séraphins, selon la tradition catholique, sont des esprits ardents dont le feu est l'image de l'amour de Dieu. Les Chérubins, quant à eux, représentent la sagesse (ou science) du Créateur. Les Trônes, enfin, reflètent la justice du Tout-Puissant. Pour l'heure, je n'ai jamais vu aucune de ces créatures.

Passons à la seconde hiérarchie : selon la tradition catholique on y trouve, au degré le plus haut, les Dominations, qui sont libres de toute oppression ; elles dominent et commandent donc les esprits angéliques inférieurs. Tout en bas, les Puissances s'occupent, de façon générique, d'assurer que la volonté de Dieu s'accomplisse dans le système solaire, en encourageant la multiplication des actes d'amour et de paix ; elles ont en charge les sujets relatifs à la vie et à la mort de toutes les créatures qui l'habitent. Elles sont supervisées dans leur mission par les Vertus qui, hiérarchiquement au-dessus d'elles, traduisent la pureté de Dieu et irradient une force qui permet aux Puissances et aux êtres angéliques intervenant sur notre planète d'accomplir leur mission parmi nous.

Il convient de faire ici une brève observation sur les hiérarchies. Pour moi, les Vertus sont supérieures aux Puissances. Certains penseurs, toutefois, considèrent que c'est l'inverse. Ce sujet ne fait donc pas consensus parmi les théologiens. Mes visions, cependant, convergent avec celles de deux grands saints catholiques : Saint Denis et Saint Thomas d'Aquin. En outre, Saint Paul indique aussi cet ordre-là, dans les termes suivants : « Au-dessus de toute Principauté, de toute Puissance, de toute Vertu et de toute Domination, et au-dessus de tout nom qui se nomme, non seulement en ce siècle, mais aussi en celui qui est à venir. » (Éphésiens 1.21).

Au sein de chaque chœur se trouvent des millions de créatures. Chacune a son propre champ d'action. Cela n'aurait aucun sens si Dieu avait créé des millions d'êtres identiques ! Chacune a un trait distinctif, une signature personnelle.

Il faut souligner que les créatures de chaque chœur jouissent du libre arbitre. N'étant pas charnelles comme nous (elles ne possèdent pas de corps physique), elles ne commettent pas les péchés que nous commettons. Le seul péché dont elles sont capables est celui d'arrogance qui, du reste, a causé la chute de Lucifer et d'une partie des êtres angéliques. Ces créatures, qui se sont rebellées contre les desseins de Dieu, ont été bannies de la présence du Père Céleste et expulsées de leurs chœurs. En guise de punition, elles ont été confinées ici, sur Terre, et empêchées de voir ou de cohabiter avec Dieu et avec les autres êtres du Paradis. Elles représentent un nombre considérable de démons.

Les anges (pour reprendre le terme générique et populaire) présents au sein d'un même chœur ne sont pas identiques. L'individualité des créatures ne repose pas sur la seule matière – telle que nous la connaissons dans notre monde. Notre Père Éternel et ses anges sont bien plus complexes que ne peuvent l'être notre esprit humain et la réalité terrestre.

Un autre exemple. L'ange gardien de mon fils, comme je l'ai écrit, est un archange, comme Saint Michel. Lorsqu'ils se sont, à plusieurs occasions, matérialisés à mes yeux, j'ai pu noter des traits caractéristiques de leur chœur d'origine. Par exemple, ils ont un visage plus anguleux que les membres du chœur des Anges, ils brillent d'une lumière plus intense, leurs yeux ont un éclat différent et leurs cheveux paraissent plus denses.

En même temps, pourtant, j'ai remarqué des différences intéressantes : la couleur de leurs cheveux et de leurs yeux, leur taille, leur cou, leurs mains, leurs attributs. Les cheveux de Saint Michel ressemblent à des flammes, tandis que ceux de l'archange de mon fils, prénommé V., sont violets. Michel fait à peu près un demi-mètre de plus que V. et son cou est un peu plus large.

En général l'ange gardien ne porte pas d'attribut, mais Saint Michel apparaît toujours avec son épée de feu dans les mains – celles-ci, d'ailleurs, semblent avoir des contours plus marqués, moins éthérés, que celles de V. Leurs fonctions sont également différentes : V. a des dons liés au soin émotionnel et spirituel des gens, tandis que le commandant de la milice céleste intervient sur le plan du combat spirituel.

À ce jour, des membres des chœurs suivants se sont manifestés à mes yeux : Anges, Archanges, Principautés, Puissances et Vertus. Parmi ces créatures, certaines m'ont révélé leur nom. Parfois, la nomenclature est masculine, d'autres fois elle est féminine, mais il s'agit seulement d'une question de dénomination, car aucun être angélique n'est sexué.

Pour que ce soit bien clair : les anges ne sont ni des hommes ni des femmes. Ils sont pur esprit. Ils peuvent se matérialiser dans notre monde comme des adultes, des enfants ou des animaux, mais uniquement pour une bonne raison – dans le but, en général, de défendre leurs protégés. Don Bosco par exemple, en Italie, a été sauvé de multiples agressions par son ange gardien, qui a pris la forme d'un énorme chien gris, un chien de berger.

Mon ange gardien, toutefois, ne s'est jamais matérialisé autrement que tel que je l'ai décrit dans l'introduction. Ce procédé, répété sur des années et des années, est excellent pour ma sécurité : aucun démon n'a réussi, pour l'instant, à se faire passer pour lui.

Aucune créature angélique n'est apparue à mes yeux avec des ailes. Il est possible, toutefois, qu'elles se montrent ailées à leurs protégés (ou à quiconque a le don de les voir). En fin de compte, ce sont de purs esprits qui peuvent prendre la forme qu'ils veulent.

Je crois pouvoir expliquer pourquoi les gens se représentent les êtres angéliques avec des ailes. Comme ils ne sont pas sujets à la gravité, puisqu'ils ne possèdent pas de corps physique, ils donnent la plupart du temps l'impression de voler. La croyance selon laquelle les anges montent au ciel pour porter nos demandes au Père et en descendent pour nous rapporter ses messages joue aussi, bien sûr.

À ces deux motifs s'ajoutent des récits bibliques comme celui du prophète Isaïe (6.2), qui évoque un certain nombre d'ailes selon le chœur auquel appartiennent les êtres angéliques. Pour moi, il s'agit de descriptions à prendre au sens figuré, d'un langage qui recèle des informations mystiques. De tels textes ne peuvent être interprétés littéralement. Je pense que c'est cet ensemble de facteurs qui a conduit les artistes, depuis des temps anciens, à représenter les anges avec des ailes.

Les informations de Sœur Lúcia (l'une des enfants qui a vu Notre Dame de Fátima) sur l'apparition de l'Ange du Portugal, au printemps 1916, à Loca do Cabeço, me semblent très intéressantes. Dans ses *Mémoires*, elle écrit : « Nous vîmes alors, au-dessus des oliviers, et se dirigeant vers nous, la même figure dont j'ai déjà parlé. […] Au fur et à mesure qu'elle s'approchait, nous distinguions mieux ses traits. Elle avait l'apparence d'un jeune homme de 14 ou 15 ans, plus blanc que la neige, que le soleil rendait transparent comme s'il était en cristal, et d'une grande beauté. » Aucune mention d'ailes. D'ailleurs, les pèlerins qui se rendent au Sanctuaire de Fátima peuvent acquérir, dans les boutiques d'articles religieux, l'image de cet ange… qui n'a pas d'ailes non plus !

Au contraire des humains, les anges ne peuvent se reproduire. Seul le Père Tout-Puissant peut les multiplier, de Sa propre volonté. Je ne saurai dire au juste en quelle ère ils ont été créés par Dieu. La seule information dont je dispose à ce sujet me vient d'I. Lorsque je l'ai interrogé, il m'a répondu :

— Pedro, le Seigneur de l'Univers m'a créé avant de créer la Terre.

J'en conclus donc qu'une bonne partie des êtres angéliques existent depuis bien plus longtemps que notre planète.

PARTIE II

MES VISIONS DES HIÉRARCHIES

1. VERTUS

En 2011, j'ai vu pour la première fois une créature angélique du chœur des Vertus, alors que je parcourais le Chemin de Croix du bois de Valinhos, à un kilomètre du Sanctuaire de Fátima, au Portugal. C'est pour moi l'un des lieux les plus puissants au monde, car c'est là que l'on comptabilise le plus grand nombre d'apparitions de Notre Dame du Rosaire sur le sol portugais. C'est là aussi, l'année précédente, que l'Ange du Portugal est apparu à trois petits bergers : Jacinta, Lúcia et Francisco.

Dans ce bois, chaque station du Chemin de Croix est représentée par des bas-reliefs sur les murs de petits édifices cylindriques accessibles à tous.

Après la neuvième station, non loin de la sculpture célébrant l'apparition de la Vierge Marie le 19 août 1917, mon ange gardien m'a demandé de marquer une pause. J'ai obéi. Il m'a alors invité à observer les maisons du vallon en contrebas, qui se trouvaient à plus ou moins un kilomètre et demi de là. J'ai obtempéré. Il était aux alentours de dix heures du matin. Le jour était clair, le ciel sans nuages et j'étais accompagné du frère Juan Antonio, de mon cousin Alexandre et de mon ami Otto.

Ne s'apercevant pas de la présence d'I., ces derniers ont continué du même pas jusqu'à la station suivante. Avant de l'atteindre, ils se sont arrêtés pour m'attendre et ils m'observaient en silence. Je suis resté immobile, à contempler le paysage. Pendant quelques secondes, rien ne s'est passé, tout semblait normal à mes yeux. Désireux de poursuivre ma prière et ma méditation et voyant que mes amis m'attendaient, je me suis mentalement adressé à mon ange :

— I., tu m'as dit de m'arrêter là un moment. Mais il ne se passe rien. Je ne sais pas ce que tu veux me montrer. Je préfère continuer à prier avec eux. Je ne veux pas perdre mon temps à rester planté là. En plus je perturbe la prière de tout le groupe.

— Pedro, silence. Concentre-toi ! Fixe tes yeux sur l'horizon, un peu au-dessus du toit des maisons, m'a-t-il ordonné en désignant les toitures.

— D'accord, ai-je répondu impatient, en me tournant vers les maisons.

J'ai décidé de lui faire confiance et d'attendre une minute de plus. Juste le temps que je prenne une grande inspiration et souffle fort, des rayons de lumière argentée ont commencé à descendre du ciel à toute vitesse. Ils étaient translucides et ils ont produit, en se posant sur les maisons, un bruit d'impact que j'ai été le seul à entendre. Impressionné, j'ai fermé les yeux et les ai frottés de mes mains avant de les rouvrir. Elles étaient là : cinq créatures en forme de flammes argentées, irradiant une énergie aussi fantastique que celle du soleil qui brillait sur nos têtes. Elles semblaient immenses, car elles étaient plus grandes que les maisons à deux étages sur lesquelles elles se tenaient debout (si je peux employer cette expression, puisque je ne leur ai vu ni pieds, ni jambes, ni bras, ni têtes). La force qui émanait d'elles et atteignait le bois m'a donné des frissons.

— I., qu'est-ce que c'est ? D'où viennent ces créatures ? ai-je demandé, curieux.

— Ce sont des Vertus. Dieu, dans son immense bonté, t'a autorisé à les voir.

— Est-ce que je dois le dire aux autres ?

— Oui, tu as le droit de leur dire tout ce qui se passe dans ce bois.

Au bout d'une minute, dans une déflagration audible à mes seules oreilles, elles sont parties vers le ciel comme des éclairs. Mes amis commençaient à s'impatienter.

— Allez Pedro. Pourquoi traînes-tu comme ça ? On est en pleine prière ! a crié le frère Juan Antonio.

— Tu as vu quelque chose d'intéressant en bas ? a voulu savoir Alexandre.

— Si c'est le cas tu dois le partager avec nous, hein, frère ? a demandé Otto.

Avant que la « rébellion sainte » ne commence, je leur ai expliqué tout ce qui s'était passé. Mettant à profit cette révélation, le frère Juan Antonio a lancé une prière pour attirer sur nous la bénédiction du chœur des Vertus. Nous leur avons adressé nos demandes et, bien entendu, nos remerciements pour cette visite.

2. PUISSANCES

J'ai eu la vision d'une Puissance peu de temps après celle des Vertus. J'intercédais depuis plusieurs mois pour un ami à qui l'on avait diagnostiqué un cancer. Un matin, j'ai décidé de sortir promener mon chien dans la rue et d'en profiter pour prier un chapelet pour sa santé. Je suis descendu avec mon chapelet de perles de bois dans la main, stratégiquement glissée dans la poche de mon bermuda.

Au bout du premier mystère, avant de tourner au coin de la rue, j'ai vu une lumière intense, dans des tons de violet et d'argenté, gagner la rue tout entière. Les rares personnes qui passaient par là n'ont pas semblé remarquer quoi que ce soit. Comprenant que cela n'avait rien de normal, je me suis arrêté et j'ai pris mon chien dans mes bras. J'ai tout de suite songé à rentrer chez moi, car je redoutais une attaque spirituelle ou la présence d'un esprit malin et puissant.

Un nuage de brume a commencé à se former à l'intérieur de la lumière violette et argentée. Sans réfléchir à deux fois, j'ai tourné les talons, décidé à rentrer en toute hâte. C'est alors que mon ange gardien est apparu.

— Pedro, où comptes-tu aller comme ça ?

Il m'a arrêté de sa main droite grande ouverte sur ma poitrine.

— Tu ne vois pas ce qui se passe ? Tu ne devrais pas être au travail, I. ? Tu es en train de me défendre là ?

Au lieu de lui répondre, je l'assénais de questions, paniqué.

— Il n'y a pas la moindre attaque, a-t-il répliqué avec emphase.

Vu sa tête, il n'était pas du tout content de mon interprétation de l'événement.

— Écoute, I., je n'ai jamais vu une lumière aussi forte associée à ce mélange de couleurs. Et cette brume dense qui est en train de se former à l'intérieur ? La dernière fois que j'ai vu quelque chose de ce genre, c'est le démon B. qui est apparu. D'ailleurs, je n'ai pas besoin de te le rappeler, tu vois très bien de quoi je parle !

— Tu mélanges tout. Ce soir-là, quand le démon est apparu, les couleurs étaient différentes. Réfléchis un peu, Pedro.

Il a désigné la scène pour que je la regarde à nouveau.

— D'accord, ce n'était pas les mêmes couleurs, mais je ne vais pas rester ici pour vérifier ce qui m'attend ! Je ne veux pas qu'on fasse du mal à mon chien !

— Personne ne va vous faire de mal. Bien au contraire. Dieu te fait une nouvelle faveur. Tu vas assister à quelque chose d'extrêmement important et tu devras raconter ce qui va se passer ici à ton guide spirituel.

Le discours d'I. m'a convaincu de rester et d'observer la scène. Au milieu de la brume a surgi une forme. Elle n'avait pas de membres, mais on pouvait distinguer une tête totalement recouverte d'un capuchon violet. Il était impossible de déceler un nez ou une bouche, mais deux lumières brillaient d'un éclat d'or sous la capuche. Pour moi, il s'agissait des yeux de la créature, qui me fixaient intensément.

Lorsque je lui ai fait face, la créature est entrée en communication mentale avec moi :

— Je suis l'Ange de la Mort. Je viens du chœur des Puissances.

Déconcerté, j'ai cherché I. autour de moi. En vain : il était parti sans prévenir.

Curieusement, l'être angélique s'est présenté en mentionnant sa fonction, mais pas son nom. Je crois, néanmoins, que les Puissances aussi portent un nom.

— Pardonnez ma question, mais vous êtes venu me chercher ? Mon heure est venue ? I. m'avait donné une autre indication concernant le moment de ma mort…

Aucun ange n'étant là pour me protéger – à ce que je voyais du moins –, j'ai voulu éclaircir le plus vite possible le motif de cette visite.

— Le Seigneur de l'Univers m'a envoyé pour vous remettre un message.

— Alors ce n'est pas encore mon heure ? ai-je demandé, juste pour m'assurer que tout allait bien.

— Pas la vôtre, non. Mais, pour que vous compreniez bien qui je suis, sachez que dans exactement sept mois, l'ami pour lequel vous intercédez aujourd'hui partira pour la demeure céleste. Cette nuit vous sera donnée la vision du lieu où il ira après son décès. C'est I. qui vous y conduira en esprit.

Puis la créature est partie à une vitesse impressionnante, faisant disparaître les lumières violette et argentée. Le nuage de brume a disparu, laissant simplement place au jour clair et ensoleillé.

Cette nuit-là, j'ai vu en esprit, aux côtés d'I., le bel endroit où mon ami allait demeurer après nous avoir quittés. Sept mois plus tard, tout s'est passé exactement comme l'avait dit la Puissance et il est mort le jour qu'elle avait indiqué.

3. PRINCIPAUTÉS

Quelques mois après mon expérience avec la Puissance, I. a surgi dans ma chambre à trois heures du matin. Fatigué, je me suis d'abord retourné pour ne plus le voir et tenter de me rendormir. Mais il m'a secoué par l'épaule.

— J'ai quelque chose d'important à t'apprendre, Pedro.

— Et ça ne peut vraiment pas attendre ? Il fait encore bien nuit et je dois aller travailler demain.

— Tu dois m'écouter.

Son insistance ne m'a pas laissé le choix. Je me suis assis sur le lit en prenant soin de ne pas réveiller mon épouse, qui dormait paisiblement à mes côtés.

— Allons-y, de quoi s'agit-il ?

— Tu vas te rendormir. Dès que tu entreras dans un sommeil profond, je te conduirai en esprit hors de cette planète. Nous resterons en orbite un moment. Je dois te montrer quelque chose.

Face à cette curieuse explication, j'ai préféré ne rien demander de plus.

Un moment plus tard, j'étais en effet en train d'observer les étoiles et la Lune. Cela n'a duré que quelques secondes[4].

— Pedro, concentre ton attention sur la planète Mercure.

— Je n'ai pas la moindre idée d'où elle se trouve, I. !

— Là, Pedro, m'a-t-il montré.

Peu avant Mercure, une fenêtre de lumière a commencé à percer le noir du ciel. Elle était bleu clair et assez brillante. Elle s'est peu à peu agrandie de toutes parts jusqu'à prendre une forme

---

4. J'emploie cette mesure de temps pour vous donner une idée de ce qui s'est passé, car le temps, pour quiconque se retrouve hors de son corps physique, ne passe pas du tout de la même façon. [Note de l'Auteur]

légèrement ovale, presque ronde. Elle me donnait l'impression d'une toile de cinéma spirituelle – c'est la seule description que j'arrive à en faire.

J'ai alors distingué une figure imposante assise sur un trône de lumière dorée. Elle avait des bras, des jambes et une tête, mais je ne distinguais pas de cheveux, de bouche, de nez. Je ne voyais que deux perles de lumière argentée, que j'ai prises pour ses yeux. La créature ne s'est pas adressée à moi. Aucune communication ne s'est établie entre nous. Quelques secondes plus tard, l'image a disparu.

— I., qui était-ce ? Dieu le Père ?

— Non, Pedro, tu as vu une Principauté, celle qui a pour fonction de commander sur la région de la planète d'où tu viens.

— Cette créature appartenait au chœur des Principautés ?!

— Oui. Elle commande tous les archanges qui opèrent sur cette région de la Terre.

— J'aimerais beaucoup en savoir davantage, I. Je peux te poser quelques questions ?

— Garde ta curiosité pour plus tard. Tu n'as plus de temps. Tu vas retourner à ton corps physique à présent.

Comme si j'atterrissais d'un grand saut ou d'une longue chute, je me suis réveillé dans mon lit. J'ai cherché ma montre pour voir combien de temps avait passé. Dans ma tête, je pensais être resté en orbite quelques heures ! Mais la montre indiquait que vingt minutes seulement s'étaient écoulées depuis que je m'étais rendormi ! Le temps de Dieu n'est pas le même que celui des hommes…

Malheureusement, je n'ai pour l'instant pas eu le plaisir de revoir une Principauté.

4. ARCHANGES

Les Archanges ont une fonction fondamentale sur notre planète. Ce sont eux qui régissent les éléments de la nature, comme la faune, la flore, les eaux, les tempêtes et le feu.

Quand un homme abat une forêt ou provoque la mort d'une espèce animale, il agresse les Archanges qui en sont responsables. Il offense l'œuvre de Dieu. Je peux garantir que l'existence terrestre de ceux qui pratiquent ces actes de destruction, tout comme leur vie après leur mort, n'aura rien de bon.

Le premier Archange que j'ai vu dans ma vie était I. Je me souviens de lui debout, me surveillant, à côté de ma nounou, tandis que je jouais sur la place Eugênio Jardim, dans le quartier de Copacabana, à Rio de Janeiro.

Je me souviens aussi d'avoir vu, toujours dans mon enfance, l'archange Gabriel. J'avais environ six ans et j'étais avec mon père au niveau du Poste 6, sur la plage de Copacabana. Nous étions en train de nager lorsque j'ai eu l'impression de voir, dans ma vision périphérique, une créature étrange émergeant lentement de la mer. Inquiet, j'ai décidé de m'éloigner et de me diriger vers la plage. Mon père m'a accompagné sans savoir ce qui se passait, puisque j'avais préféré m'en aller sans rien dire. Une fois sur la terre ferme je me suis remis à jouer et à faire des châteaux de sable au bord de l'eau.

De temps en temps je cherchais des yeux la créature qui était apparue, en vain. Le temps a passé et, à un moment donné, Saint Gabriel a surgi à nouveau. Depuis la plage, j'ai pu le voir qui m'observait, debout sur l'eau. Il portait une tunique, avait des cheveux et des yeux bleu clair et un visage assez anguleux. Comme la paix se lisait dans son regard et que j'étais sur la terre ferme, je n'ai pas eu peur cette fois-ci.

À cette époque, je ne savais pas qui était cet ange. Je n'imaginais pas que là, devant mes yeux, se trouvait l'archange qui avait annoncé à la Vierge Marie l'incarnation du Verbe Divin. Cette explication me fut donnée par I. quatre ans plus tard, après une classe de catéchisme sur Notre Dame, au Colégio Santo Agostinho.

Ces dernières années, pendant les réunions de prière que j'ai dirigées, Saint Gabriel est revenu. Quand il apparaît, l'éclat intense de sa lumière bleutée se répand partout et descend sur la tête des gens, leur concédant la paix et consolant les cœurs meurtris. Elle a la propriété de combattre les sentiments négatifs que l'être humain peut porter dans son âme, de la soulager.

En 1999, j'ai rencontré l'archange Raphaël pour la première fois alors que je traversais la mer Adriatique sur un *ferry-boat*. Il faisait un sale temps, le ciel était plein de nuages lourds. L'embarcation était partie du port d'Ancône, en Italie, vers cinq heures de l'après-midi. Au bout d'une heure la tempête s'est levée et la mer déchaînée, ce qui a fortement inquiété les passagers. En regardant par un hublot, j'ai perçu une lumière différente qui traversait l'obscurité. J'ai cherché une porte d'accès au pont, pour mieux voir de quoi il s'agissait.

Sitôt dehors, j'ai été cinglé par le vent et la pluie torrentielle. Et j'ai pu voir, dans le ciel, cette figure qui illuminait la nuit : un archange vêtu d'une tunique jaune et rouge magenta. Ses yeux étaient châtain clair, tout comme ses cheveux de lumière. On aurait dit que la tempête tournait autour de cet être angélique, ce qui m'a apaisé. Il orchestrait bel et bien la situation.

— Comment vous appelez-vous ? lui ai-je demandé.

— Raphaël.

— Celui du passage biblique de Tobie ?

Je faisais référence au livre dans lequel l'archange se présente de la façon suivante : « Je suis Raphaël, l'un des sept anges qui se tiennent ou se présentent devant la gloire du Seigneur. » (Tobie 12.15).

— Oui.

— On dirait que la tempête vous obéit. C'est impressionnant !

Je me rendais compte que les rafales de vent changeaient de sens et que les nuages chargés se déplaçaient suivant les mouvements de bras et de mains de l'archange.

— Oui, c'est le Seigneur qui m'en donne la permission.

— Mais vous n'êtes pas le protecteur des pèlerins ?

À ce moment-là, je songeais à ma grand-mère maternelle, qui me disait toujours que Raphaël accompagnait les pèlerins et les ramenait chez eux en toute sécurité.

— Si, aussi.

— J'ai entendu des histoires relatives à vos guérisons. Elles sont vraies ?

J'étais curieux de savoir si ma mère avait raison de l'invoquer quand elle priait pour un malade.

— Oui, j'ai cette fonction, tout comme les anges qui travaillent avec moi.

Il m'a révélé qu'à compter de ce jour il réapparaîtrait à mes yeux en d'autres occasions, essentiellement pendant mes prières du chapelet. Puis il a disparu au beau milieu de la tempête, qui s'est dissipée peu à peu, au fil des heures. À l'aube, la mer avait retrouvé son calme et le ciel était redevenu bleu.

Depuis enfant, j'ai toujours senti la présence de l'archange Saint Michel à mes côtés, mais pendant plus de vingt ans il ne s'est jamais matérialisé à mes yeux. J'avais déjà vu des anges de son armée de combat spirituel, mais leur général, jamais.

Jusqu'à ce jour de juin 1999 où je suis allé visiter, avec un groupe de pèlerins brésiliens, le Sanctuaire de Saint Michel, à Monte Sant'Angelo, dans la province de Foggia, dans la région des Pouilles, en Italie. Le panorama y est magnifique : on peut voir, du haut de la montagne, le littoral et ses eaux bleues.

C'est dans ce lieu à l'extraordinaire beauté que Saint Michel fit une première apparition en 490. Le taureau d'un homme aisé de Gargano se perdit et fut retrouvé dans une grotte inaccessible. Face à cette situation inexplicable et dans l'impossibilité de sauver l'animal, l'homme décida de le tuer avec une flèche de son arc.

Il visa, tira, mais avant d'atteindre la bête la flèche s'arrêta en plein vol, changea de trajectoire et se retourna contre lui, le blessant. Préoccupé par cet incident, il alla voir Lorenzo Maiorano, l'évêque de Siponto, considéré comme un homme saint. Il voulait savoir ce qui s'était passé et ce que Dieu voulait de lui.

San Lorenzo (connu comme Saint Laurent en français) ordonna trois jours de jeûne et de prière. Le dernier jour, un archange apparut en rêve à l'évêque et l'invita à ouvrir au culte chrétien la grotte où l'animal avait été retrouvé. Il se présenta comme l'archange Saint Michel, qui demeure toujours en présence de Dieu. Il déclara que la grotte était pour lui un lieu sacré, qu'il en était le gardien et que les péchés des hommes pourraient y être pardonnés et leurs prières entendues. L'évêque hésita longtemps avant d'accéder à la volonté de l'archange : cet endroit possédait une longue histoire de dévotion à des cultes païens.

Deux ans plus tard, la ville de Siponto fut encerclée par des hordes de barbares. À bout de forces, Lorenzo sollicita la clémence du chef ennemi et obtint trois jours de trêve. Il réunit le peuple pour prier et l'archange lui apparut à nouveau en rêve, promettant une issue victorieuse au combat. Lorenzo transmit ce message aux soldats de la ville, qui se livrèrent, emplis de confiance, à une nouvelle bataille contre les barbares.

Pendant les affrontements, une tempête de sable et de grêle se leva, touchant violemment les envahisseurs qui prirent la fuite, effrayés par cet étrange phénomène naturel. La ville était libérée. En commémoration, l'évêque convoqua une procession pour gravir la montagne où se trouvait la grotte indiquée par l'archange. Malgré tout, il n'osa pas y pénétrer.

Un an après cette victoire, en 493, Lorenzo décida de consacrer la grotte à l'archange Saint Michel, pour lui exprimer sa gratitude. Il se rendit donc à Rome pour tout raconter au pape Gélase Ier. Le Souverain Pontife, impressionné, soutint la volonté de l'évêque et ordonna que le peuple de la région observe trois jours de jeûne et de prière.

Tous s'exécutèrent. Saint Michel apparut en songe, pour la troisième fois, à Lorenzo, afin de lui expliquer qu'il était inutile de consacrer la grotte puisqu'il l'avait déjà fait lui-même. L'évêque fit alors bâtir une église à l'entrée de la grotte, vouée à Saint Michel Archange, et un premier office fut célébré le 29 septembre 493.

Quelques siècles plus tard, en 1656, cette région d'Italie fut terrassée par la peste. L'archevêque local, Alfonso Puccinelli, décida de combattre l'épidémie par des prières et des jeûnes dédiés à Saint Michel. Le 22 septembre de la même année, pendant ses prières dans le palais épiscopal de Monte Sant'Angelo, Alfonso sentit un tremblement de terre. Saint Michel apparut à ses yeux et lui demanda de bénir les rochers qui se trouvaient à l'intérieur de sa grotte. De son épée, l'archange grava sur un des murs le signe de la croix et les lettres M.A., en référence à son nom. Il expliqua enfin que les personnes qui toucheraient ces pierres avec ferveur seraient sauvées de la peste. Peu de temps après cette apparition, la ville fut libérée de la terrible épidémie.

Ce jour de 1999, notre autocar s'est garé sur le parking près de l'entrée du puissant sanctuaire. Par la vitre, j'ai pu voir que le ciel s'était couvert et qu'une brume dense s'abattait sur nous. Le vent s'est mis à souffler en rafale. Nous sommes descendus du véhicule, mais les plus âgés de notre groupe n'arrivaient pas à marcher contre le vent pour atteindre l'entrée de l'église.

Notre guide m'a demandé de passer devant pendant qu'il essaierait d'emmener les personnes âgées jusqu'au sanctuaire. J'ai pris la direction du lieu chéri de Saint Michel, passé les portails de fer et pénétré dans la basilique. Je suis tombé sur un long escalier, qui s'enfonçait au cœur de la bâtisse et dont on ne pouvait voir le bout. Il n'y avait personne, à cette heure-là, pour me renseigner.

J'ai descendu quelques marches et vu une lumière rougeâtre en contrebas. J'ai senti qu'elle m'invitait à aller plus loin. Tout en bas, j'ai trouvé la grotte de Saint Michel où, aujourd'hui, se trouve une église.

J'ai d'abord cherché l'endroit visité par Saint François d'Assise. Je savais que le saint y était venu en pèlerinage. Pieds nus, il traversa une bonne partie de l'Italie uniquement pour prier dans ce lieu. En l'atteignant, épuisé par l'effort d'un tel voyage, François posa la tête sur l'une des pierres de l'entrée de l'église et s'endormit.

Lorsqu'ils se réveillèrent, lui et son compagnon de pèlerinage, ils s'aperçurent que leur front et leur nez s'étaient imprimés dans la roche, formant le symbole du tau – cette croix que les frères franciscains portent autour du cou. Humble qu'il était, le Saint d'Assise déclara que cet endroit était un lieu d'immense pouvoir et sainteté, du fait de la présence du grand archange et qu'il n'y entrerait pas, n'en étant pas digne.

En voyant le tau gravé dans la pierre à l'entrée du sanctuaire, je me suis agenouillé et j'y ai posé la tête. Une énergie a gagné mon front ; on aurait dit que ma tête allait prendre feu. Les yeux fermés, j'ai prié en demandant la protection de Saint François d'Assise. Je me suis relevé revigoré et suis entré dans la grotte.

Une image de Saint Michel dominait l'autel. J'ai choisi le dernier banc à gauche pour faire mes prières à genoux. Tandis que je demandais l'intercession du puissant archange dans ma vie, I. est apparu à mes côtés.

— Pedro, pose tes mains sur le dossier du banc devant toi.

— Pour quoi faire ?

— Le Prince va arriver. Il vient te bénir.

— Qui ça ?!

J'étais assez concentré dans mes prières et mon ange tutélaire arrivait de nulle part avec toutes ces informations. Cela m'a embrouillé.

— Le Prince de la milice céleste.

C'est alors qu'une lumière rouge a envahi l'endroit. À droite de l'autel, près de la paroi rocheuse, Saint Michel a surgi dans une déflagration.

L'archange portait une tunique rouge aux motifs dorés surmontée d'une armure de style romain, en cuivre. Ses yeux rouge clair se posèrent sur moi. Je suis resté immobile, agenouillé. La créature s'est approchée. Elle a dégainé une épée de lumière, qui semblait être de feu, et l'a plantée dans ma main gauche. Puis elle a répété son geste sur ma main droite. De son arme, elle a ensuite dessiné dans l'air le signe de la croix avant de disparaître dans une autre déflagration.

Sans comprendre (encore aujourd'hui) ce que ce geste signifiait, j'ai regardé mes mains pour voir si l'épée les avait bel et bien trouées, car j'avais très mal ! Mais ma peau était intacte. Sur mes paumes, toutefois, j'ai décelé la présence de la lumière rouge clair de l'archange, qui a duré trois jours, tout comme la douleur.

Depuis 1999, Saint Michel s'est montré à quelques réunions de prière que j'ai dirigées. Par ailleurs l'archange guerrier envoie ses anges me défendre dès que je subis une attaque, quelle qu'en soit la nature, ou dès que je me retrouve engagé dans un combat spirituel, quel qu'en soit le type. Il est devenu, ces dernières années, un grand ami.

Un jour, je devais avoir 12 ans, j'ai vu, à Miraí, une ville de l'intérieur de l'État de Minas Gerais où mon grand-père paternel avait une ferme, un archange vêtu d'une tunique marron et verte planer sur la forêt atlantique qui régnait dans la propriété. J'étais à cheval, seul, et j'ai entendu son appel :

— Pedro, approche.

— Je n'ai pas le droit d'entrer dans la forêt ! Mon grand-père me l'a interdit.

— Tu n'as pas besoin d'entrer dans la forêt. Tu peux rester à la lisière. Approche-toi, n'aie pas peur.

Mon cheval ne paraissant pas craintif, j'ai obéi.

— Qui êtes-vous ? J'ai compris que vous étiez un archange, mais c'est la première fois que je vous vois.

— Je suis Uriel.

— Que faites-vous ici ? Savez-vous que ces terres appartiennent à mon grand-père ?

— Ton grand-père s'occupe très bien de ce qui appartient à Dieu. Rien ne vous appartient à vous, les hommes ; vous êtes simplement des administrateurs des biens divins. Et ton grand-père est un bon administrateur.

— Possédez-vous quelque chose ici ? Les archanges ont-ils des biens sur la Terre ?

— Non. Tout comme vous, les hommes, je suis un administrateur de Dieu le Père. Nous sommes, les archanges, des envoyés de Dieu sur Terre. Nous avons pour fonction de maintenir la planète en état de fonctionnement et d'évolution.

— Qu'est-ce que vous administrez, Uriel ?

— Les forêts, les bois, le sol et les montagnes que tu peux voir de tes yeux.

Tout en parlant, l'archange montrait calmement le paysage alentour.

— Alors vous devez être très important ! Votre fonction est-elle seulement liée à ce que je peux voir ?

— Non. Je peux être invoqué, tout comme les anges qui travaillent avec moi, sous mon commandement, par les humains qui manquent de patience et ont de fréquents accès de colère dans les situations les plus diverses.

— Alors, Uriel, les archanges agissent sur les choses matérielles et le cœur des hommes ?

— Oui. Nous désirons que les êtres humains aient de bonnes pensées et qu'ils se consacrent à ce qui est agréable à Dieu. Tu as dû l'apprendre pendant tes cours de catéchisme à l'école.

— Oui, on en parle dans tous les cours de religion. Pourquoi avez-vous choisi d'apparaître à mes yeux ? Vous semblez être quelqu'un de très important pour Dieu !

— Nous avons tous une grande importance pour Dieu, Pedro. Tu dois garder au cœur qu'aucun bien de la Terre n'appartient ni aux êtres humains ni aux anges. Tu dois chercher à accomplir la volonté de Dieu dans ta vie, en cultivant les bons sentiments et les bonnes pensées. Nous devons tous accomplir nos rôles, en administrant avec amour les choses du Créateur.

Sur ces mots, l'archange a disparu dans la forêt épaisse.

À peu près deux ans plus tard, j'ai revu Uriel dans la maison que ma famille avait dans la région des Lacs de Rio de Janeiro. Ma mère, Dulce, était énervée contre un pied de goyave qui ne donnait pas de fruits, dans le jardin. Munie de la Bible, elle est allée jusqu'à l'arbre et a lu à voix haute ce passage de l'Évangile : « Le lendemain, quand ils quittèrent Béthanie, [Jésus] eut faim. Voyant de loin un figuier qui avait des feuilles, il alla voir s'il y trouverait quelque chose ; mais, en s'approchant, il ne trouva que des feuilles, car ce n'était pas la saison des figues. Alors il dit au figuier : “Que jamais plus personne ne mange de tes fruits !” Et ses disciples avaient bien entendu. » (Marc 11.12-14).

— Maman, qu'est-ce que tu es en train de faire ? Tu lis la Bible au pied de goyave ?! lui ai-je demandé en m'approchant.

— J'en ai marre de cet arbre. Il ne remplit pas son rôle, qui est de donner des fruits. Soit il donne des fruits tout de suite, soit il se dessèche.

— Il a peut-être quelque chose… Il est peut-être malade, non ?

— Non. J'ai tout regardé et tout fait, y compris amender la terre. C'est la saison des goyaves. Écoute ce que dit l'Évangile après : « Le lendemain matin, en passant, ils virent le figuier qui était desséché jusqu'aux racines. » – Il s'agissait du passage dans Marc, 11.20.

— Non mais je rêve, maman ! Tu es en train de faire sécher ce pied de goyave, qui est là depuis tant d'années ?!

— Je n'ai encore rien fait sécher du tout. Je lui donne un délai pour qu'il montre les fruits qu'il a toujours donnés, a-t-elle rétorqué avant de regagner la maison.

Pendant que je l'observais, l'archange Uriel est apparu à la cime de l'arbre.

— Pedro, que la bénédiction du Tout-Puissant descende sur cette maison !

— Uriel ! Ça fait si longtemps…

Je l'ai tout de suite reconnu : sa tenue, l'expression de son visage et sa gestuelle douce étaient les mêmes que le jour de notre rencontre dans la ferme de mon grand-père.

— Préviens ta mère que le pied de goyave va donner des fruits. Le changement du climat de la région, provoqué par l'action humaine, l'a empêché d'en produire. Les fruits viendront d'ici 21 jours.

— Merci, Uriel. Je vais le lui dire !

Il a aussitôt disparu. Au bout de la période indiquée par l'archange, les goyaves ont fait leur réapparition sur les branches de l'arbre. Cet archange est depuis très présent dans ma vie et il m'aide aussi durant les réunions de prière du chapelet.

Chaque nation de la Terre est régie et défendue par un archange, qui a pour fonction principale d'être son ange gardien. Je crois que l'Ange du Portugal – qui est apparu aux trois petits bergers à Fátima – fait partie de la hiérarchie des Anges. Pour moi, il est évident qu'il s'agit de l'être angélique responsable de la protection de la nation portugaise. Dans les *Mémoires de Sœur Lúcia*, il se présente ainsi : « Je suis votre ange gardien, l'Ange du Portugal. »

Il est important que les peuples prient en compagnie de leurs gardiens, surtout quand leurs pays sont menacés de guerre ou connaissent un autre tourment (catastrophe naturelle, épidémie, terrorisme, famine). Les êtres angéliques ont la capacité de présenter au Père Céleste, avec pouvoir et autorité, une demande de miséricorde, afin d'écourter la souffrance et la douleur sur leurs territoires.

5. ANGES

Les créatures du chœur des Anges m'entourent depuis mon enfance. Leur éclat ressemble un peu à celui des saints, mais en plus intense. Toutefois, leurs yeux et leurs cheveux sont totalement différents : ils semblent faits de lumière pure. Ceux des saints, quant à eux, ressemblent un peu aux nôtres (c'est une façon de parler bien sûr, car les âmes ne possèdent pas de corps).

Je n'ai pour l'instant identifié, dans la fonction d'ange gardien, que des êtres angéliques du chœur des Archanges et du chœur des Anges, notamment parce que les autres êtres, excepté les Principautés, n'ont pas d'action directe sur notre planète. Les anges gardiens sont le plus souvent choisis par Dieu au sein du chœur des Anges.

Ce sont des messagers qui font le pont entre Dieu le Père et nous. Ils tentent de nous inciter à l'adoration et à la pratique d'actes d'amour et de paix. Ils travaillent parmi nous pour que nous atteignions l'harmonie, malgré nos langues et nos mœurs des plus diverses.

Selon sa mission sur Terre, déterminée par Dieu, une personne peut aussi bénéficier de la compagnie d'autres anges, spécialistes dans des domaines précis, pour l'aider à agir dans le monde. Qui sont ces créatures ? Comment pouvons-nous les dénommer ?

5.1. Anges épistolaires

Dans toutes les réunions de prière du chapelet que je dirige, je demande aux gens, avant d'entamer le cinquième mystère, de se concentrer sur la remise de leurs intentions au Père Céleste. Je leur dis qu'ils doivent le faire par l'intercession de la Vierge Marie et des anges qui sont sur place avec nous – ce qui inclut, bien entendu, leurs anges gardiens.

Les gens ferment alors les yeux et demandent mentalement ce dont ils ont besoin dans leurs vies. À ce moment-là, les anges présents sortent des panières de lumière dorée et commencent à recueillir les demandes qui, en sortant de la tête et du cœur des fidèles, prennent la forme de petites sphères de lumière bleue. C'est très joli à voir, car les anges ne ratent pas une seule demande !

Puis nous entamons le Notre Père et les *Ave Maria*. Les êtres angéliques prient avec nous, placés à côté de Notre Dame, en attendant de repartir pour la Salle du Trône du Père, d'où viennent toutes les grâces.

Les anges gardiens des fidèles prennent aussi part à ce moment. Ils mettent les intentions de leurs protégés dans les panières des autres anges, mais ne restent pas en rangs près de la Vierge Marie : ils font une révérence à la Reine des Anges puis retournent à côté de leurs protégés. À force de voir cette scène se répéter, j'ai un jour interrogé I. :

— Tu ne vas pas te placer près de la Reine des Anges ? Tu ne vas pas apporter ma demande à la Salle du Trône du Père ?

— Non, pas maintenant.

— Pourquoi ? Ta fonction n'est pas d'intercéder en ma faveur ? De présenter mes demandes à Dieu ?

— Bien sûr que si.

— Alors j'aimerais bien que tu rejoignes le cortège des anges, pour être sûr que mes demandes arriveront jusqu'à Dieu le Père. Tu comprends ?

— Ça ne marche pas comme ça. Je n'irai pas, Pedro.

— Comment ça marche alors ?

— Les anges de la Cour céleste qui accompagnent la Reine apportent les demandes au Créateur car ce service est leur spécialité. Elle les accompagne pour réaliser l'intercession. Nous, les anges gardiens, nous restons à côté de nos protégés jusqu'à la fin de l'office. À la fin de la réunion, nous pourrons rejoindre le Paradis et nous rendre à la Salle du Trône du Roi pour intercéder personnellement, comme nous le faisons toujours, auprès du Tout-Puissant pour ceux que nous protégeons.

— Ah merci pour ces informations ! C'est encore mieux !

J'ai l'habitude de nommer les êtres qui portent les demandes des fidèles jusqu'à la Salle du Trône du Père « anges épistolaires ». En plus d'assister à toutes les réunions de prière du chapelet, ils viennent souvent chez moi quand je les appelle pour recueillir les intentions des gens. Ils font preuve d'une grande diligence et sont toujours disponibles pour apporter les requêtes au Seigneur de l'Univers.

5.2. Anges gardiens de la famille

Au fil des années, j'ai observé une autre sorte d'anges, chargée de protéger le noyau familial. Leur principale fonction est d'œuvrer pour la paix et l'harmonie des membres d'une famille. Lorsque j'étais adolescent, Z., la voyante qui habitait près de chez moi à Leblon, m'a demandé un jour :

— Pedro, tu as déjà vu l'ange gardien de ta famille ?

— Qui ça ?

— La prochaine fois que tu iras à un mariage qui comporte une célébration religieuse, observe bien le moment de la bénédiction. Tu verras un ange s'approcher du couple qui s'apprête à échanger les alliances.

— Je suis invité à un mariage bientôt. J'y ferai attention.

J'avais déjà remarqué que le nombre d'anges présents au sacrement du mariage dépend de la foi et de la vie religieuse des fiancés. Ainsi, ils étaient très peu nombreux lors des derniers mariages auxquels j'avais assisté. Cette année-là, j'ai décidé de prêter attention à ce que Z. m'avait dit : un ange gardien de la famille allait-il apparaître aux côtés des fiancés ? Eh bien la voyante avait tout à fait raison.

Au moment du serment et de l'échange des alliances a surgi un ange, qui n'était le gardien d'aucun des fiancés, et qui attendait pour s'approcher d'eux. Et à la fin de la cérémonie cet ange, le gardien de la famille, a imposé ses mains sur les jeunes mariés pour les bénir.

Pour la célébration religieuse de mon mariage, j'ai choisi la date du 29 septembre, le jour de la fête des Saints Archanges Michel, Gabriel et Raphaël pour l'Église catholique. À cette occasion, Dieu a également désigné un ange gardien pour la famille que nous étions en train de fonder.

Il ressemble assez à I. (bien qu'il appartienne au chœur des Anges), mais il est vêtu autrement : il porte une tunique dorée, avec des motifs rouges sur les manches et sur le col. Il est toujours pieds nus et a des cheveux d'or, plus longs que ceux d'I. Il a pris l'habitude de rester dans le salon de notre appartement, à observer en silence les mouvements de chacun.

Chaque nuit, quand je me lève pour conduire mon fils aux toilettes ou aller boire un verre d'eau à la cuisine, je trouve son éclat doré dans toute la maison. Sa présence dans nos vies est impressionnante !

À chaque fois que je prie avec mon épouse, notre ange gardien de la famille nous accompagne, en plus de nos protecteurs respectifs. C'est automatique : il suffit que nous nous asseyions dans le salon, chapelets en mains, pour qu'il surgisse. Nous sommes si intimes que je n'ai même pas besoin de l'appeler. C'est pareil lorsqu'une dispute survient : l'être angélique se poste à la porte de la maison pour nous observer et envoie sa lumière dorée dans toutes les pièces de l'appartement.

Quand je perçois une sorte d'attaque spirituelle au sein de mon foyer, j'appelle I. pour m'accompagner dans la prière de combat. Je convoque aussi les anges ministériels qui m'entourent (j'en parlerai dans la partie suivante), ainsi que le protecteur de ma famille et Saint Michel. Tous, chacun avec sa spécialité, me prêtent main-forte.

Malheureusement, les maisons où je rencontre un ange gardien de la famille sont rares. La raison est simple : les gens méconnaissent son existence et sa présence. C'est peut-être pour ça qu'ils ne cultivent pas son amitié et ne lui demandent pas son aide. Il tombe dans l'oubli puis comprend, au bout d'un moment, que ses services ne sont pas bienvenus ou nécessaires dans ce foyer ; il retourne alors à son chœur d'origine, pour se consacrer à ses autres fonctions.

5.3. Anges ministériels

J'ai observé, surtout pendant les messes, que le prêtre officiant est souvent assisté par son ange gardien et par un autre ange. Ce dernier l'aide dans le déroulement de la célébration. Il s'agit de l'ange ministériel. Il est généralement attribué par Dieu au moment où l'homme de foi reçoit le sacrement de l'ordre – c'est-à-dire quand il est ordonné prêtre – pour l'assister dans sa mission religieuse.

L'ange gardien de mon guide spirituel travaille avec les anges guerriers de Saint Michel. Cependant, il n'est pas le seul à l'accompagner : une autre créature angélique est à ses côtés depuis quarante ans, depuis son ordination.

Lorsque nous étions ensemble en retraite spirituelle dans le bois de Valinhos, j'ai remarqué qu'un autre ange, portant une lanterne, se plaçait à côté de lui dès que nous commencions notre prière. Cet être entonnait les cantiques, dans la langue des anges, et nous assistait pour les prières du jour. En réponse à mes questions, il se présenta comme le protecteur de la mission sacerdotale du frère.

En plus de sa fonction de louange à Dieu, l'ange ministériel aide son protégé dans ses tâches, comme le conseil (pendant la confession) et d'autres sacrements. Si le prêtre cultive son intimité avec lui, cet ange l'accompagnera et lui inspirera des paroles de sagesse et de pouvoir dans toutes les messes qu'il célèbrera, en plus de la chasteté, de la sainteté et de l'approfondissement de la prière personnelle.

Je considère comme anges ministériels les êtres angéliques qui sont aussi présents aux côtés de certains hommes d'une grande spiritualité, qui ne sont pas prêtres mais qui ont des missions spirituelles notables dans le monde. Z., la femme aux dons mystiques exemplaires dont j'ai déjà parlé, avait un ange ministériel qui lui suggérait toujours des chansons et des passages de la Bible pendant les réunions de prière qu'elle animait chez elle ou à l'extérieur.

Selon la fonction exercée par la personne, Dieu peut lui désigner plus d'un ange ministériel. Dans les prières du chapelet que je dirige, quatre anges, en plus d'I., ont coutume de me seconder ; chacun appartient à l'équipe d'un archange – Michel, Raphaël, Uriel et Gabriel – et a un nom et un rôle bien distincts.

Pour finir, il faut bien retenir que les anges ministériels qui m'accompagnent ne peuvent être confondus avec les anges épistolaires, l'ange gardien de ma famille ou I. : chacun a une fonction bien délimitée par le Père Céleste et accomplit son service en parfaite harmonie avec les autres. Je vais à présent évoquer plus précisément les anges gardiens.

PARTIE III

LES FONCTIONS DE L'ANGE GARDIEN

Dieu place un ange gardien à côté de chaque personne afin qu'elle recoure à son aide tout au long de sa vie. Cette affirmation peut sembler très générique, et elle l'est ! La raison en est simple : les anges gardiens sont avec nous pour nous aider à tout moment, face à toutes les situations qui se présentent. On peut compter sur leur secours pour des sujets liés à la sécurité physique et spirituelle comme à la santé mentale, affective ou spirituelle.

Grâce à leur action sur le plan visible ou invisible, cette catégorie d'anges éclaire et guide en général leurs protégés, en leur présentant de bonnes idées, en aplanissant leurs chemins, en leur inspirant des pensées positives, des intuitions diverses ainsi que des attitudes de sagesse et de discernement – des choses fondamentales pour affronter dignement les difficultés de la vie.

La mission primordiale de l'ange gardien est de guider son protégé sur les sentiers qui mènent à la vie éternelle. Le plus important est de prendre des mesures afin qu'ils reçoivent la lumière divine et la mettent efficacement à profit pour obtenir le salut au terme de leur parcours terrestre.

Il y a quelques années, j'ai fait une retraite spirituelle à Fátima avec le frère Juan Antonio, Otto et Alexandre. Tandis que nous priions dans le bois de Valinhos avec nos anges gardiens et d'autres êtres angéliques, I. m'a pris de surprise en me lançant sur un ton d'urgence :

— Pedro, vous devez regarder le soleil en face.

— Impossible ! Il est onze heures du matin et son éclat est trop fort.

— Vous devez regarder le soleil en face. Dieu va s'y montrer.

— Hé ! ai-je appelé mes compagnons pour qu'ils s'approchent. Mon ange gardien vient de me dire que le Seigneur va se montrer dans le soleil. Il va se produire une sorte de miracle dans le ciel.

— Du temps de l'apparition de Notre Dame ici, il s'est déjà produit un miracle du soleil. Il est devenu célèbre, la nouvelle a même paru dans le journal, a rappelé le frère.

— Alors regardons ! s'est exclamé Otto.

Nous nous sommes exécutés. Et c'était impressionnant : l'éclat du soleil a disparu. Nous pouvions voir la boule de lumière à l'œil nu sans aucune gêne. Quelques secondes plus tard, le soleil s'est transformé en une hostie lumineuse ! Dieu était là, personnifié dans le pain divin. L'image était très belle. Le spectacle que notre Sauveur nous a donné nous a enchantés.

Mais le miracle ne s'est pas arrêté là. Dans un premier temps, l'hostie est restée seule dans le ciel. Il n'y avait aucun nuage aux alentours. Puis tout à coup elle s'est mise à saigner et à répandre une teinte rouge autour d'elle. C'était extraordinaire : le ciel bleu est devenu écarlate, avec l'hostie en son centre !

Pour nos anges gardiens, peu importait que nous nous extasiions devant ce beau miracle. Le message était clair : Dieu était vivant parmi nous et il se donnait chaque jour avec son corps et son sang dans la communion. Ce signe mystique indiquait le chemin que nous devions suivre : adorer le Dieu vivant, en corps et en sang, dans l'hostie consacrée.

Les lecteurs doivent bien retenir que l'ange gardien peut guider son protégé dans les plus infimes détails quand s'établissent une amitié et une intimité entre eux. Chaque acte de la personne bénéfique à son évolution spirituelle est célébré par son protecteur.

Un samedi après-midi, à São Paulo, j'ai ouvert la réunion de prières en expliquant cela. À la fin, une femme est venue me voir.

— Pedro, je peux dire que la grande mission de l'ange gardien est de faire en sorte que son protégé trouve le salut et aille au Paradis ?

— Oui. C'est ce que Dieu désire le plus et c'est ce que recherchent les anges, puisqu'ils sont ses fidèles messagers. – Comme elle ne répondait pas, j'ai poursuivi : votre ange gardien intervient pour que vous vous engagiez, par-dessus tout, dans le salut de votre âme. Autrement dit : tout ce qu'il veut c'est que vous obteniez la vie éternelle.

— Alors j'ai l'ange gardien le plus incompétent du monde ! a-t-elle répliqué, en me prenant de surprise.

— Ne dites pas une chose pareille ! Les anges sont extrêmement compétents, ce sont des créatures très disciplinées, qui font tout pour accomplir la mission qui leur a été confiée.

À côté de moi, j'ai senti le regard sévère d'I.

— Écoutez, Pedro, je sais qu'il y a beaucoup d'âmes en enfer. Il suffit de voir les politiques de notre pays ! Et les criminels qui ôtent des vies ? Ces personnes ne vont pas au Ciel, j'en suis sûre ! Mais selon vous, ces hommes et ces femmes ont aussi un ange gardien, n'est-ce pas ? a-t-elle poursuivi.

— Bien sûr.

Les yeux rivés sur moi, I. attendait toujours que je m'implique davantage dans le débat. Il a subtilement secoué la tête, en signe de reproche.

— S'ils ont des anges gardiens aussi compétents que vous le dites, pourquoi est-ce qu'ils n'arrivent pas à obtenir la vie éternelle au Paradis ? a-t-elle insisté.

— Tout d'abord, il n'est pas certain que ces personnes finissent vraiment en enfer. Mais admettons. Les anges gardiens sont les messagers du Père Éternel, n'est-ce pas ?

Comme elle acquiesçait, j'ai continué :

— Ils sont dans notre monde pour communiquer et respecter la volonté du Créateur. Or nous savons que Dieu a doté les hommes du libre arbitre. Quelle est la conséquence de cela ? C'est que les anges sont obligés de respecter nos choix, qu'ils soient bons ou mauvais.

Mon ange a apprécié ma réponse, car son regard s'est adouci.

— Quel dommage…

La dame, en revanche, n'a pas semblé apprécier mon explication :

— Je pense que Dieu aurait dû donner plus de pouvoir à Ses anges et moins de liberté à nous les humains. Il devrait leur permettre de nous corriger avec fermeté, de punir ceux qui sortent de Son chemin, par exemple. Le monde serait meilleur, Pedro !

Elle n'allait manifestement pas changer d'avis du tout.

— Nous pouvons avoir des avis différents concernant l'œuvre de Dieu et Ses actions. Mais cela ne change rien au fait que les anges gardiens respectent notre libre arbitre. C'est la loi divine. Et elle est immuable. Alors si une personne se détourne du Père Éternel et prend un mauvais chemin, elle aura une très mauvaise surprise le jour de sa mort voire même avant, sur la Terre. Ce sera sa peine. Je suis certain qu'elle paiera pour son choix. Nul n'échappe au jugement divin. Son ange gardien en sera très triste, mais il ne pourra rien faire pour l'aider.

En général, le travail de l'ange gardien est quotidien, mais cela ne signifie pas qu'il passe cent pour cent de son temps aux côtés de son protégé. Le mien a l'habitude de vérifier comment je vais chaque matin. Je ne me souviens pas d'avoir passé une journée sans le voir. Parfois, cependant, notre contact ne dure qu'un bref instant, le temps d'une petite prière, lorsque d'autres tâches l'attendent dans le monde spirituel.

Les lecteurs doivent se demander : mon ange gardien n'est pas vingt-quatre heures sur vingt-quatre avec moi ? Eh bien non ! Les anges gardiens appartiennent aux chœurs célestes, ils ont donc des activités qui leur sont propres. Autrement dit : tous les êtres angéliques, qu'ils soient des gardiens ou non, ont du travail dans le monde spirituel. Si ceux qui ont été désignés pour exercer la fonction d'ange gardien ont pour priorité de guider et défendre leurs protégés, ils n'en abandonnent pas leurs autres tâches pour autant.

Même les protecteurs des grands saints ne restaient pas tout le temps à leurs côtés, y compris lorsqu'ils subissaient de terribles attaques du Malin. Le grand Saint Padre Pio, par exemple, était parfois mécontent de constater que son ange gardien ne l'accompagnait pas, aussi le grondait-il sitôt que ce dernier lui apparaissait.

Ce passage de la vie du Padre Pio, du reste, montre bien l'intimité qui existait entre eux deux. Quelle liberté devait-il avoir pour lui dire tout ce qu'il avait sur le cœur ! L'amour qui les liait était vraiment très spécial. Nous devons en prendre exemple et nous efforcer de cultiver l'intimité avec nos anges gardiens.

1. CHERCHER DES GRÂCES

Lorsque j'ai commencé à conduire le groupe de prières du chapelet et à passer par les villes brésiliennes les plus diverses, je me suis aperçu que les personnes accompagnées de leur ange gardien étaient rares. Cela me gênait beaucoup. Dans mon for intérieur, je me disais : « Dieu a fait un énorme cadeau à son peuple, mais celui-ci ne veut pas s'en servir ou n'en connaît même pas l'existence ! » Il fallait que je fasse quelque chose.

J'ai trouvé une solution en puisant dans un passage de la vie du Padre Pio. Le frère Alessio Parente, l'un des biographes du Saint, raconte que beaucoup de gens voulaient participer à ses messes et à ses réunions de prière. Malheureusement, ce n'était pas facile pour tout le monde : certains habitaient loin tandis que d'autres n'avaient pas la possibilité, pour des raisons physiques ou financières, de venir au couvent capucin où il vivait. Saint Pio leur donnait alors le conseil suivant : « Envoyez-moi vos anges gardiens. »

Suivant cette sage directive, j'ai adopté le procédé suivant : la semaine précédant la rencontre, je postais sur ma page Facebook un texte invitant chacun à préparer ses intentions de prière et demandant à ceux qui ne pouvaient pas venir d'envoyer leurs anges gardiens à l'heure et au lieu indiqués. Ils pourraient ainsi cueillir les grâces qui s'y répandraient pour leurs protégés. Au début de la séance, je ne manquais pas de rappeler aux fidèles d'informer leurs amis et leurs proches qu'il leur était possible de profiter des bénédictions grâce à l'envoi de leur ange. Le résultat fut au rendez-vous !

Dès le début, nous avons appelé, à l'unisson, nos gardiens, afin de retisser une amitié entre les personnes présentes et leurs protecteurs respectifs. Aujourd'hui encore j'ai recours à cette stratégie, qui a donné de bons fruits. La grande majorité des gens jouit à présent de la compagnie de son angélique gardien.

Lorsque je m'inquiète pour quelqu'un, je prie pour que son ange gardien m'apparaisse et me donne de ses nouvelles. J'essaie aussi d'envoyer I., afin qu'il aide cette personne en compagnie de son assistant attitré et qu'il me rapporte ensuite quelque information.

Très souvent, sachant que les êtres angéliques ont des capacités spécifiques dans les domaines les plus divers, je demande à I. d'aller au Paradis pour y chercher les anges à même de résoudre les problèmes des gens qui m'adressent leurs prières. J'ai appris à le faire à force d'observer ce qui se passait durant les réunions de prière.

— I., qui sont ces anges en tunique verte qui t'accompagnent ? lui ai-je demandé un samedi après-midi pendant une session dans le Sanctuaire de la Mãe dos Aflitos, à São Paulo.

— Ce sont des anges de guérison. Ils sont là pour t'aider.

— Aujourd'hui je comptais dire un chapelet davantage tourné vers la louange…

— Non. Aujourd'hui ce sera un chapelet de guérison, Pedro.

— D'accord. Que dois-je faire par rapport à ces anges, I. ?

— Au troisième mystère, chante une chanson dont les paroles évoquent la guérison. Nous descendrons alors dans l'assemblée et ferons notre travail. Tu dois simplement penser à la chanter et encourager les gens à rester concentrés.

Lors d'une autre réunion, I. m'est apparu avec un groupe d'anges vêtus de tuniques rouges.

— I., qui sont ces anges ?

— Ils appartiennent à l'armée de Saint Michel. Ils sont venus pour aider à la libération du peuple.

— J'imagine que tu veux que je chante une chanson de libération au troisième mystère.

— Exactement. Je suis heureux que tu aies appris à travailler de concert avec nous.

Dans les tâches les plus diverses auxquelles je suis confronté, je demande à I. de m'aider et, si possible, de venir en compagnie d'anges spécialisés. Cette précaution est très utile. Les obstacles semblent s'amenuiser et le chemin s'adoucir.

2. PROTECTION PHYSIQUE

L'une des tâches les plus notables qu'a un ange gardien est de protéger physiquement la personne qu'il assiste. Une dame, E., a écrit un beau témoignage à ce sujet sur ma page Facebook. Elle raconte qu'en décembre 2009, elle se rendait dans un village isolé avec sa sœur, son beau-frère et sa fille.

Il pleuvait énormément et son beau-frère prit la direction d'un pont de planches pour atteindre leur destination. Mais E. eut un mauvais pressentiment et lui demanda de ne pas l'emprunter. Il ignora sa requête. Le pont s'effondra, les précipitant dans la rivière. Voyant qu'elle allait se noyer, E. invoqua Jésus et Marie. Elle regarda le ciel et vit des ailes énormes au-dessus de leurs têtes. Sous le choc, elle se rendit compte que ces ailes mystérieuses les poussaient tous les quatre vers la rive, qu'ils atteignirent sains et saufs. Pour E., il n'y a pas l'ombre d'un doute : c'est son ange gardien qui les a sauvés.

Un jour, un collègue de travail, A., m'a interrogé :

— Pedro, je doute de la soi-disant protection qu'un ange gardien donne à une personne.

— Pourquoi ? Dans ton église on ne croit pas aux anges gardiens ?

— Le pasteur ne nous parle pas beaucoup d'eux, mais certains hymnes en parlent… m'a-t-il répondu, manifestement en plein doute.

— Qu'en penses-tu, toi ? Tu as un ange gardien ou pas ?

— En guise de réponse, je préfère te raconter une histoire qui est arrivée à un homme qui fréquentait mon église.

— D'accord.

— Cet homme venait à toutes les réunions et messes de l'église. Un jour, alors qu'il pleuvait très fort sur toute la région, on lui a tous conseillé d'attendre que la pluie s'arrête, mais il a tenu à rentrer chez lui tout de suite car il avait des choses à faire. Il est parti dans sa vieille voiture en pleine tempête. Environ une demi-heure plus tard, le téléphone de l'église a sonné. On a compris à la tête du pasteur qu'un sale truc venait d'arriver. Notre camarade avait eu un accident sur la route inondée et y avait trouvé la mort.

— A., c'est une bien triste histoire.

— Oui, Pedro. C'est pour ça que je te demande : est-ce que cet homme avait un ange gardien ?

— Tout le monde en a un.

— Alors pourquoi est-ce qu'un ange a laissé un croyant, un homme qui avait toujours loué Dieu, mourir après un soir de messe ? Il aurait dû protéger mon frère de prière, non ?

— Puis-je te répondre par des questions, A. ?

— Oui bien sûr.

— Ton frère de prière avait-il pour habitude de prier en demandant la protection de son ange gardien ? Cherchait-il à communiquer avec lui tous les jours ? Croyait-il en son existence ?

— Je pense que non… a-t-il répondu en fixant le ciel bleu.

— Alors comment espérer que son ange gardien le protège s'il ne lui adressait jamais la moindre parole ?

— Je ne sais pas. Mais quand même, si un tel ange gardien existait, il aurait fait quelque chose.

— Mais il l'a fait : il a cherché à le prévenir du danger que sa vie courait ce soir-là.

— Bien sûr que non, Pedro ! Si ça avait été le cas, cet homme ne serait jamais sorti en pleine tempête.

— Je peux t'assurer qu'il l'a fait.

— Et comment ?

— À travers vous, les fidèles de votre église. Vous avez tous insisté pour qu'il ne parte pas. Mais, malheureusement, il a ignoré votre avis. C'était son ange gardien qui parlait à travers ses frères de prière.

Je me souviens aussi d'un récit intéressant sur la protection des anges. Après la session de prière du 9 avril 2016 à Franca, dans l'État de São Paulo, le père Dalmácio, fondateur de la Comunidade Hodie où nous étions, m'a raconté une histoire. Dans les années 1930, son grand-oncle s'était trouvé mêlé à une querelle foncière entre les municipalités de Claraval, dans l'État du Minas Gerais et de Franca. Les hommes qui avaient des griefs contre lui décidèrent de lui tendre une embuscade pour le tuer.

Ce grand-oncle, très religieux, se rendait à la messe tous les dimanches à cheval, seul. Il était très ami avec le curé de l'église qu'il fréquentait, au point que ce dernier l'attendait toujours pour commencer la célébration dominicale.

Ses ennemis le savaient bien. Un dimanche, armés de carabines, ils se postèrent derrière une colline, dans un virage d'où ils pouvaient voir son arrivée sans être vus. Ce serait une proie facile.

Sitôt que le grand-oncle du père Dalmácio approcha, les hommes armèrent leurs carabines et visèrent, attendant le bon moment pour tirer. Mais à leur grande surprise, un cavalier surgit à côté de leur victime. Ne comprenant rien à la présence inattendue de ce « garde du corps », ils abandonnèrent leur plan. Cependant dès que le grand-oncle eut passé la courbe du chemin et qu'il réapparut sur la ligne droite, hors de portée des armes, le cavalier qui le protégeait disparut. Ses ennemis en restèrent encore plus perplexes.

Cette situation se reproduisit en diverses occasions. Résultat : les hommes renoncèrent à tuer le grand-oncle, en arguant que quelque chose de très étrange se passait : il avait une protection dont ils ne savaient expliquer la provenance. Pour le père Dalmácio comme pour moi, nul doute qu'il s'agissait de son ange gardien, qui se matérialisait sous la forme d'un imposant cavalier, visible aux yeux des ennemis !

La protection offerte par l'ange gardien peut se manifester aussi de façon bien plus simple. Mon ami Otto en a vécu un exemple éclairant – et je suis certain que nombre de lecteurs intimes avec leurs protecteurs sont déjà passés par là.

Un mardi matin, Otto est sorti de chez lui pour aller au travail. C'était un matin pluvieux à Rio de Janeiro. En arrivant sur le trottoir, il a eu un mauvais pressentiment. Son cœur s'est serré très fort. Il a cherché des yeux le danger et l'a facilement trouvé : un homme costaud, à la mine patibulaire, l'observait depuis sa bicyclette. Otto a reçu un ordre mental surnaturel : celui de rentrer chez lui et d'attendre quelques minutes avant de ressortir, mais il ne l'a pas écouté.

Il a pris la direction de son travail à la hâte. L'homme, à son tour, a fait le tour du pâté de maisons à vélo, sans le quitter des yeux. Mon ami a alors su avec certitude qu'il était poursuivi et qu'il allait se faire agresser. Il a cherché une boutique où trouver refuge. Une fois à l'intérieur du magasin, il a vu le cycliste passer par la porte vitrée. Celui-ci savait très bien où il s'était caché.

Otto était alors à deux pâtés de maisons de sa destination et il a décidé de tenter sa chance. De la porte de la boutique, il a guetté le décompte du feu de la rue qu'il devait traverser. Dans les dernières secondes du vert pour les piétons, Otto a traversé la rue en courant. L'homme à bicyclette, qui l'attendait au feu, a essayé de l'attraper au vol. Mais mon ami a réussi à entrer dans la galerie commerciale où il travaille. Il est tombé sur le vigile, à qui il a raconté la situation. Ce dernier est sorti du centre pour dévisager le bandit qui, se voyant démasqué, est reparti.

En entendant son histoire au téléphone, j'ai demandé à Otto :

— Quand tu as reçu cette mise en garde divine, pourquoi tu ne l'as pas écoutée, pourquoi tu n'es pas rentré chez toi ?

— Tu sais bien que je suis têtu. En plus, je devais vraiment aller embaucher. Mais je reconnais que j'ai eu tort.

— Tu l'as compris tout de suite ?

— Oui, au moment où le type à vélo a fait le tour du pâté de maisons et s'est rapproché. J'ai mis ma main dans la poche, empoigné mon chapelet et commencé à prier. J'ai demandé l'aide de Saint Michel, de Saint Benoît, de Saint Padre Pio et de mon ange gardien.

— Une équipe de choc, non ? Tu sais qui était la voix qui disait à ton cœur de rentrer chez toi en cette heure de danger ?

— C'était celle de Dieu, je suppose.

— C'était celle de ton ange gardien. Il s'est déjà rapproché de toi, en te parlant dans tes rêves. Et cette fois-ci que tu étais bien réveillé et en danger, il t'a donné un message très clair pour éviter cette attaque.

— C'est vrai. Sitôt arrivé à mon travail, j'ai remercié mes saints et mon ange gardien. Je savais bien que c'étaient eux qui m'avaient libéré du danger, a-t-il ajouté avant de se mettre à rire.

Si vous voulez jouir de la protection de votre ange gardien, vous devez avant tout croire en son existence. Puis cultiver l'amitié qui existe entre vous depuis votre naissance. Si, à l'inverse, vous vous mettez à ignorer sa présence ou décidez de ne plus lui parler ou lui adresser des pensées, quel sera le résultat ? Il s'éloignera. Ce n'est pas dans sa nature d'imposer sa présence ou son amitié à son protégé. Si vous ne voulez pas de lui ou considérez qu'il n'est que pure fantaisie, votre ange gardien repartira vers la Patrie Céleste pour vaquer à ses autres tâches.

En revanche, quiconque nourrit avec amour et dévouement l'amitié avec son gardien bénéficie d'une protection spéciale. Il ne regrettera pas ses efforts, qui seront récompensés par les plus beaux fruits matériels et spirituels.

3. PROTECTION SPIRITUELLE

Il y a des gens qui ne croient pas en l'existence des démons et des esprits malins. Ils pensent que les références bibliques au diable sont purement symboliques. C'est faux. J'ai affronté des êtres démoniaques à plusieurs reprises sur mon chemin. Et j'aurais rencontré de sérieux problèmes, au cours de ces combats spirituels, si je n'avais pas eu I. à mes côtés.

Il y a quelques années, à Belém, j'ai vécu une expérience curieuse avec des créatures de ce type. Je m'apprêtais à prier le chapelet avec une grande assemblée, parmi laquelle un groupe d'adolescents. J'ignore combien ils étaient exactement, peut-être une vingtaine. Frère Juan Antonio assistait à la rencontre et dirigeait les prières. Lorsqu'il a entonné les cantiques dans la langue des anges, six jeunes filles d'environ 16 ans ont commencé à se sentir mal. Elles sont devenues agressives et les traits de leur visage, tout comme leur voix, se sont transformés. Elles ont agressé des gens autour d'elles et causé du remue-ménage.

Afin de maîtriser la situation, le frère et moi avons rejoint le groupe. Avec l'aide de quelques garçons de la paroisse, nous sommes parvenus à isoler les jeunes filles dans un couloir qui débouchait sur trois salles, à l'écart du lieu de prière.

Tout à coup, les filles se sont arrêtées, refusant d'aller plus loin. Elles criaient toute sorte de gros mots, hurlaient et désignaient une salle du doigt, arguant que l'ennemi s'y trouvait.

— Dis-moi, qu'est-ce qu'il y a dans cette salle ? a demandé le frère Juan Antonio à l'un des garçons qui s'efforçait de maîtriser une des filles en furie.

— C'est une salle de réunions, frère.

— Attendez, je vais voir.

Le frère s'est éloigné du groupe ; lorsqu'il a ouvert la porte, les filles se sont débattues encore plus fort et ont commencé à prendre l'avantage sur les garçons qui essayaient de les tenir.

— *Hombre !* Emmenez-les ici. Il y a un crucifix de bois immense, impossible à transporter. Je vais faire l'exorcisme ici.

De toutes leurs forces, les garçons ont tenté de les traîner jusqu'à la salle du crucifix. Mais elles les ont terrassés. Face à cette situation peu commune, le frère a décidé de faire l'exorcisme dans le couloir.

Il a demandé à l'une des femmes qui assistaient à cette bataille de lui apporter un crucifix. Elle est revenue une minute plus tard avec un petit crucifix de bois orné de la médaille de Saint Benoît, qu'une amie venait de lui passer. Frère Juan Antonio l'a béni à la hâte, a mis son étole et entamé le rituel d'exorcisme.

Aussitôt, trois filles sont tombées à terre en se débattant, comme si elles recevaient des décharges électriques. Le frère a profité de leur étourdissement pour les asperger d'eau bénite. Elles ont crié un moment puis se sont tues. Allongées sur le dos, les mains le long du corps, elles semblaient dormir. Deux minutes plus tard environ, elles se sont rassises. Le regard perdu, le teint blême, elles ne comprenaient pas ce qui s'était passé et ne savaient pas où elles se trouvaient. L'équipe de prière les a accueillies confuses et les a sorties du couloir.

Frère Juan Antonio a continué le combat spirituel contre les démons qui tourmentaient les trois autres adolescentes. Malgré la résistance considérable des créatures malignes, il en a libéré deux. Il restait la fille la plus grande et la plus forte. Elle faisait partie du groupe des jeunes de l'église, qui fréquentaient sa paroisse. Il la connaissait et était inquiet de ne pas avoir réussi à la libérer après quasiment deux heures d'affrontement.

Pire encore : lorsque deux garçons plus costauds se sont approchés pour l'emmener dans la salle du crucifix, elle les a attaqués d'un coup de pied direct. Comme ils l'ont esquivé avec agilité, son pied a atterri sur le mur du couloir et si violemment qu'il y a fait un trou !

Face à la situation, les gars ont couru jusqu'à la porte et déclaré qu'ils se retiraient. Ils étaient terrifiés. L'un d'eux était épouvanté, les lèvres blanches et les yeux écarquillés. Ses mains, qui tenaient un chapelet de bois, tremblaient.

— Frère, ai-je dit au prêtre, ton ange gardien est là, tout en rouge. Il est paré, prêt à résoudre le problème. Le mien aussi est là, tout en vert. Il vient de me conseiller de laisser les garçons en dehors de ça, car cette fille les effraie trop. Si on les laissait partir ?

Les garçons chuchotaient entre eux, soucieux que le démon agresse le prêtre.

— Alors, frère, on les laisse partir ? Ils nous ont déjà bien aidés. Ça ne sert à rien de les forcer à rester là avec nous, ai-je insisté en songeant au traumatisme que cette situation pourrait causer chez eux.

— Pedro, on veut partir. Pardon, mais elle a cassé le mur d'un coup de pied ! s'est exclamé l'un d'eux, la voix tremblante.

— Pas de problème, *chiquitos*, allez-y ! a lancé le frère Juan Antonio.

Ils ont vite battu en retraite.

De la main droite, le frère a appelé trois femmes qui avaient pas mal d'expérience dans les combats spirituels et faisaient partie de l'équipe d'intercession de sa paroisse. Il leur a demandé de prier sans relâche pour la libération de la jeune fille et de ne quitter les lieux que lorsque le démon serait parti. Bien qu'effrayées, elles se sont exécutées.

Pour affronter la créature et lui montrer que nous n'avions pas peur, je me suis assis par terre face à la jeune fille. Incrédule, elle gesticulait férocement et proférait toute sorte de menaces contre moi, d'une voix grave et rauque. Quelques personnes assistant de loin au combat, épouvantées, se sont enfuies.

— Jeune fille, approche-toi de moi maintenant. N'aie pas peur, lui a demandé le prêtre.

Elle n'a pas bougé d'un pouce.

— Tu es sûr de ce que tu fais là, Pedro ? Elle est de plus en plus furieuse. Sors de là, *chaval* !

— Aie confiance, frère. Elle ne peut rien contre moi. Mon ange est là avec quatre autres, qui travaillent avec Saint Michel Archange. Ça va bien se passer, crois-moi !

Quand la situation s'était corsée, et vu la rudesse de la lutte, j'avais pris soin d'appeler I. et de lui demander d'aller chercher du secours dans le chœur de Saint Michel.

Les yeux humains ne pouvaient pas voir que j'étais entouré d'anges. Devant moi se trouvait I., dont la présence me garantissait que la jeune fille resterait à deux mètres de distance – ce qui s'est effectivement passé. Elle a continué à jurer, mais n'a pu s'approcher davantage. Quant à moi, je restais assis.

— Frère, l'esprit malin ne peut rien contre les anges qui sont ici présents. D'ailleurs, tu bénéficies de la même protection. Le moment est venu de l'expulser.

Le prêtre a ordonné au démon de se mettre à genoux face à la croix. La jeune fille a obéi. Il lui a ordonné de se taire, et elle s'est tue. Alors il s'est tourné vers moi, confiant.

— Pedro, va participer aux prières avec les gens. C'est en bonne voie. D'ici peu elle ira bien.

— Tu es sûr de ne plus avoir besoin de moi ?

— Non, c'est bon. En revanche les gens t'attendent là-bas. Vas-y, va faire ton devoir, moi je fais le mien ici.

Ce soir-là, à la fin de la session, j'ai vu la jeune fille tranquille et sereine avec les jeunes de son groupe, en train de prier. L'esprit malin était parti. L'exorcisme avait réussi. Les anges guerriers avaient soutenu le frère Juan Antonio et son protecteur tout au long de la séance.

Quand je remarque la présence d'un esprit malin chez moi (ceux qui ont une mission spirituelle savent que, malheureusement, il est inévitable de subir de telles attaques), j'appelle aussitôt I. et lui demande d'apporter du renfort, provenant des anges guerriers de Saint Michel, pour expulser l'ennemi. Jusqu'à présent, cette stratégie n'a jamais failli.

À la fin d'une réunion du chapelet que je dirigeais à Goiânia en mai 2016, une femme m'a raconté quelque chose de curieux.

— Pedro, tous les jours j'appelle mon ange gardien.

— Et il apparaît ? Vous arrivez à le sentir près de vous ? Quelle est votre expérience avec lui ?

Je profite toujours du contact avec les gens pour savoir comment ils traitent avec leurs anges gardiens. On trouve beaucoup de sagesse chez les personnes simples qui ont la foi.

— Oui, je le sens très bien. Je sais qu'il vient près de moi quand je prie et que je l'appelle. Mais un jour il s'est passé quelque chose d'intéressant, qui n'est plus jamais arrivé.

— J'aimerais bien que vous me racontiez.

— Bien sûr Pedro. J'étais en train de prier chez moi. J'ai fermé les yeux et demandé, très fort, que mon ange gardien se manifeste. Je voulais voir sa face. Au milieu de ma prière, je ne sais plus quels mots j'ai employés exactement, mais j'ai demandé à Dieu de me montrer ce soldat qui me protège depuis tant d'années.

— C'est intéressant que vous évoquiez votre ange gardien comme un soldat. C'est vraiment ce qu'il est.

— Oui, mais je ne m'imaginais pas qu'il allait m'apparaître vêtu en soldat, Pedro !

— Comment ça ? Votre ange est apparu en soldat ?!

— Oui ! Écoutez bien : j'avais les yeux fermés et son image s'est formée dans ma tête. Je ne saurais pas expliquer comment ça s'est passé… Mais en l'observant j'ai vu qu'il avait un visage resplendissant, beau et qu'il portait une tenue de camouflage de l'armée ! Qu'est-ce qui m'est arrivé, Pedro ? Depuis ce jour-là, je ne l'ai plus jamais revu…

— Votre expérience me plaît beaucoup ! Votre ange a choisi de se montrer à vous sous cette forme pour que vous n'ayez aucun doute sur lui : c'est bien votre soldat protecteur !

J'ai déjà parlé de Z., une femme d'une grande sainteté qui m'a beaucoup aidé à gérer mes dons dans ma jeunesse. Au début des années 1990, un phénomène lui étant lié m'a donné une leçon importante sur la façon dont les anges gardiens agissent pour défendre leurs protégés.

J'avais alors vingt ans et un matin, alors que je marchais seul dans une rue de Leblon, à Rio de Janeiro, en direction de l'immeuble où j'habitais, j'ai aperçu Z. sur le trottoir d'en face, qui me regardait, les yeux brillants. J'ai eu un sursaut de frayeur. D'abord, pour l'avoir vue au milieu d'une lumière incroyable ; ensuite, car je savais qu'elle était chez sa famille à João Pessoa pour quelques jours. Qui était donc cette créature ?

Intrigué, j'ai décidé de traverser la rue pour l'observer de plus près. Mais dès que j'ai changé de cap, la lumière s'est intensifiée et a pris une autre forme : un ange vêtu d'une robe blanche ornée de motifs bleus sur les manches et le col. Je l'ai tout de suite reconnu : c'était l'ange gardien de Z., que j'avais si souvent vu à ses côtés lors de nos prières chez elle. Arrivé chez moi, j'ai tout raconté à ma mère, qui a aussitôt téléphoné à João Pessoa pour parler de vive voix avec Z.

— Comment est-ce possible ? Qu'est-ce que cela signifie ? Pourquoi un ange a-t-il pris ton apparence, Z. ?

Ma mère s'est tue tout à coup, puis elle m'a dit qu'elle voulait me parler. J'ai pris le téléphone.

— Mon enfant, tout au long de ta vie tu seras amené à vivre des situations comme celle de ce matin.

— Comme c'est étrange Z., je n'avais jamais entendu parler de choses pareilles. Tu as déjà vécu cela toi ?

— Oui, plein de fois. En réalité ça m'arrive chaque semaine. Normalement ce sont les anges gardiens de prêtres qui viennent me demander de prier pour leurs protégés en prenant leur forme, a-t-elle tranquillement déclaré. Sois toujours prêt à vivre ce genre de situations. Vu ta mission, des anges gardiens t'apparaîtront souvent sous la forme de ceux qu'ils protègent, pour que tu comprennes bien pour qui tu dois intercéder.

La prophétie de Z. s'est vérifiée. Je ne compte plus le nombre de fois où cette expérience s'est produite. Fin 2014, par exemple, je suis retourné à Belém pour conduire une rencontre de prière. La Cathédrale de la Sé était pleine à craquer en ce dimanche matin. Avant de commencer, alors que j'accordais ma guitare, j'ai vu une femme qui assistait souvent à mes rencontres dans diverses villes du Brésil. Lorsque je l'ai aperçue, elle a joint les mains et m'a demandé de prier pour elle, en articulant à peine. J'ai acquiescé. Puis, en février 2015, j'ai dirigé une session dans l'église de Nossa Senhora Aparecida, à Manaus. À la fin, cette même femme est venue me voir :

— Pedro, que c'est bon de vous revoir, ça fait longtemps.

— Mais ça ne fait pas si longtemps que ça. Nous avons prié ensemble à Belém, il y a trois mois, non ?

— Non, je n'ai pas pu venir, je m'occupais de mon mari malade. Ça allait très mal chez nous à ce moment-là.

— C'est impossible.

— Pourquoi, Pedro ?

— Je me souviens très bien, j'étais en train d'accorder ma guitare quand vous êtes venue me demander de prier…

— Ce n'était pas moi.

— Si, c'était vous. J'en suis sûr et certain.

— Je vous l'ai dit : j'ai dû rester à Manaus pour m'occuper de mon mari. Tout ce que j'ai fait, c'est demander à mon ange gardien d'aller à votre réunion pour recueillir la bénédiction pour moi et, si possible, vous demander de prier pour ma situation.

Étonnés, nous nous sommes dévisagés un instant en silence.

— Ça y est, j'ai compris. Votre ange gardien est *vraiment* venu.

— Mais il peut avoir pris mon apparence ?

— Oui. Ils peuvent prendre n'importe quelle forme, y compris celle de leurs protégés.

— Pourquoi est-ce qu'il a fait ça ? Je lui ai juste demandé d'aller à Belém et de solliciter votre intercession, pour recueillir les bénédictions sur place.

— C'est exactement ce qu'il a fait. En prenant votre apparence, il m'a passé le bon message et j'ai intercédé pour vous au cours de cette session. Je parie que par la suite, votre mari s'est rétabli.

— C'est vrai. Il est allé de mieux en mieux, au point de réussir à nouveau à sortir dehors, et aujourd'hui il a participé à la rencontre avec moi.

4. PRÉSENCE CONSOLATRICE

Dans notre monde actuel, nombreux sont les gens qui se plaignent de solitude, qui se sentent abandonnés par leur famille et leurs amis. Cette situation grave peut, parfois, les plonger dans la dépression. L'intimité avec son ange gardien peut être un bon remède à ce mal. Il a le pouvoir de réchauffer le cœur et de soulager l'esprit.

En août 2014, la mère de mon ami Otto, qui se faisait âgée, a dû être hospitalisée dans une unité de soins intensifs alors qu'il était en voyage à l'étranger, avec son épouse. C'est à l'aéroport de Galeão, une fois rentré à Rio de Janeiro, qu'il a appris la nouvelle par l'une de ses sœurs. Il m'a téléphoné très soucieux :

— Mon ami, je suis très triste…

À sa voix, il ne semblait pas aller bien du tout.

— Mais tu rentres de vacances, Otto ! Que se passe-t-il ?

— Ma mère a été hospitalisée, en soins intensifs.

— Calme-toi ! As-tu besoin de quelque chose ? Veux-tu que je t'y accompagne ?

— Pour aujourd'hui c'est trop tard. Les visites se font de 16 h à 17 h. Je songe à y aller avec notre ami, le frère Juan Antonio…

— Excellente idée. Il pourra lui faire le sacrement de l'onction des malades.

— C'est ce que je me suis dit. Mais elle est dans le coma. Je crois qu'il ne pourra faire qu'une prière…

— Non, Otto. Même dans ce cas, le sacrement peut être donné. Demande au frère s'il peut venir avec toi demain.

— Je l'appelle tout de suite. Je te rappelle.

Otto a pu aller à l'hôpital avec le frère Juan Antonio, qui a bel et bien réalisé l'onction des malades. Comme nous avions convenu de faire tous ensemble une prière pour la malade, ils sont arrivés chez moi le soir et nous avons commencé à prier le chapelet. Leurs anges gardiens, ainsi que celui de mon épouse et le mien, ont surgi pour nous accompagner.

Lorsqu'Otto a terminé de réciter le second mystère glorieux, l'Ascension de Jésus, son ange m'a parlé :

— Dis à mon protégé de prier pour sa mère de la façon suivante, en utilisant les perles de son chapelet : « Que la gloire de Dieu, par l'action de l'Esprit Saint, se manifeste dans la vie de ma mère. »

Otto m'a demandé s'il ne valait pas mieux prier pour sa guérison, mais l'ange a insisté. Nous nous sommes regardés en silence. Le frère Juan Antonio a compris que l'ange préparait le départ de la mère de notre ami. Curieusement, Otto est resté serein et m'a dit, les yeux baignés de larmes :

— Avant de partir en voyage, j'ai reçu un message de mon ange gardien par ton intermédiaire : il me disait que Dieu allait me préparer à la mort de ma mère…

— Otto, la prière que ton ange vient de nous indiquer est très belle. Elle signifie que tu ne sais pas ce qui est le mieux pour ta mère en ce moment, mais que tu fais confiance à l'Esprit Saint, que tu crois qu'il va agir à la perfection ! est intervenu le frère.

— C'est vrai, frère. Ma mère est âgée et elle a déjà assez souffert. Je ne voudrais pas qu'elle souffre davantage. Voilà pourquoi j'hésite entre demander sa guérison ou dire à Dieu de l'emmener maintenant qu'elle est dans le coma…

— Ta fidélité sera récompensée, Otto, ai-je affirmé. Tu éprouves un véritable amour pour Dieu. Il fera le meilleur pour vous.

— Je me souviens d'une fois, à Belém, où j'ai été appelé pour donner l'onction des malades au mari d'une amie. Quand je suis arrivé à l'hôpital il était déjà en état de mort cérébrale, mais ses autres organes fonctionnaient. Sur le moment, j'ai dit aux personnes présentes que Dieu attendait que je lui aie administré le sacrement pour l'emporter jusqu'à Lui. Peu après que j'ai achevé ma tâche, l'homme est mort, a raconté le frère pour tenter de consoler Otto.

— C'est ce qui va arriver à ma mère, frère ?

— Otto, Dieu a été très bon avec toi. Je suis certain qu'Il va profiter du moment de grâce dans lequel se trouve ta mère. Gardons confiance, d'accord ?

Nous avons repris et terminé notre prière normalement. Otto est rentré chez lui le cœur soulagé, tandis que le frère repartait confiant : l'action de Dieu allait assurer une bonne mort à la mère d'Otto. Nous avions, finalement, la certitude que Dieu n'abandonne pas ses fils aimés. Le lendemain après-midi, j'ai reçu un coup de téléphone d'Otto.

— Mon ami, elle est partie, m'a-t-il dit d'une voix faible.

— Et comment te sens-tu ?

— J'ai le cœur en paix. Je n'avais jamais pensé que ça se passerait comme ça. Mon ange gardien, Notre Dame et les saints ont pris soin de moi. Je dois vous remercier, toi et le frère, pour vos prières, m'a-t-il répondu ému.

— Pas du tout, Otto ! Tu fais déjà ce qu'il faut faire : remercier Dieu.

Le soir même mon ami m'a rappelé :

— Pardon de te déranger à nouveau, mais il s'est passé quelque chose d'incroyable !

— Quoi donc, Otto ?

— Tu te souviens de la dernière fois que tu es allé à Lourdes ?

— Bien sûr, je me souviens parfaitement des deux fois où je suis allé dans ce paradis marial !

— Tu te souviens du crucifix ?

C'est une histoire que je ne pourrai jamais oublier. Nous étions, ma femme, ma mère, la femme d'Otto et moi, à Lourdes en France. C'était le matin et nous parcourions le Chemin de Croix sur la belle colline du sanctuaire. Les sculptures de bronze grandeur nature jalonnaient le bois, rappelant le chemin douloureux de Notre Seigneur Jésus et nous aidant à méditer sur les mystères du Calvaire.

En atteignant la quatrième station, nous avons vécu une expérience mystique intéressante : la femme d'Otto a décelé une larme qui se formait dans l'œil gauche de la sculpture de Jésus. Nous nous sommes approchés pour mieux voir et elle était bien là. Une seule et unique goutte. Il n'y avait aucune trace de pluie ou d'eau sur place.

— Dieu veut, par cette larme, nous faire prier pour ceux qui ne croient pas, ai-je déclaré. Bien que ce soit une très belle manifestation, que nous n'avions jamais vue, il ne faut pas perdre le fil !

Non sans difficulté, j'ai réussi à tirer les femmes de la sculpture pour poursuivre la prière. Près de la fin, alors que nous arrivions au point le plus haut de ce bois superbe, est apparu l'ange gardien d'Otto, qui était au Brésil. J'en ai avisé son épouse.

— Mais à cette heure-là il doit être au travail.

— Oui, mais il a probablement besoin de prière et de bénédictions.

— Alors nous allons remettre, à cette station, la vie d'Otto et celle de tous nos amis qui ont besoin qu'on prie pour eux.

J'ai alors senti que je devais rapporter quelque chose du sanctuaire à Otto, en cadeau. Mais quoi ? Il avait déjà une immense collection d'images de saints, d'innombrables chapelets et autres objets religieux… C'est alors que son ange gardien s'est tourné vers une colline.

— Je vois une lumière bleutée, très forte, tout là-haut ! ai-je dit au groupe.

— Ce doit être Notre Dame, puisque nous sommes chez elle, a affirmé ma mère.

— Je ne crois pas. On dirait plutôt qu'il y a quelque chose pour Otto là-bas. Je vais y grimper pour voir ce que c'est.

— Sois prudent, ne tombe pas ! m'a prévenu mon épouse.

Quand je suis arrivé tout en haut, à ma grande déception, il n'y avait rien du tout. Pas même un être spirituel. La lumière bleutée, pourtant, était toujours là. J'ai pris appui par terre, me préparant à redescendre, lorsque quelque chose m'a « brûlé » la paume de la main gauche. J'ai commencé à creuser pour voir ce que c'était et j'ai trouvé un petit crucifix argenté.

— Regardez ce que Notre Dame de Lourdes et l'ange gardien d'Otto lui ont envoyé !

Je l'ai montré à mes compagnons de prière avec jubilation. Il était un peu terreux, mais combien de temps avait-il pu rester enterré là ?

Otto a toujours accordé une énorme importance à ce crucifix trouvé à Lourdes. Il le garde avec amour, depuis toutes ces années, dans son petit oratoire, à côté de l'image de Notre Dame Reine de la Paix. Ce soir-là, après la mort de sa mère, nous reparlions donc de ce crucifix.

— Que s'est-il passé ? Tu l'as encore perdu ? – lui ai-je demandé, car l'objet avait déjà disparu plusieurs fois, mais il trouvait toujours le moyen d'être retrouvé par son maître.

— Non, cette fois je ne l'ai pas perdu. Mais il s'est passé quelque chose de très étrange.

— Raconte-moi.

— À chaque fois que j'ai une situation difficile à affronter, je glisse le crucifix dans ma poche. Eh bien voilà : ce matin c'est ce que j'ai fait, avant de sortir. Il y avait l'enterrement de ma mère et tout le reste…

— Tu as bien fait. Si tu te sens plus fort avec, il faut t'en servir.

— J'ai passé la journée avec le crucifix dans la poche et ce soir, quand je l'en ai sorti, je me suis aperçu qu'il avait changé de couleur !

— Comment ça ?

— Il était tout argenté, tu te souviens ?

— Oui.

— Et bien il est devenu tout doré. Et il l'est encore maintenant !

— C'est impossible ! Tu peux prendre une photo et me l'envoyer ?

J'ai été impressionné en voyant les photos. C'était le même crucifix, mais sa couleur avait changé : il était bel et bien doré et dans plusieurs nuances d'or ! Comment était-ce possible ?

— Quelle chose incroyable, Otto !

— Oui tu as vu ? Qu'est-ce que ça peut vouloir dire ?

— Ça semble être un signe de ton ange gardien et de la Vierge Marie. Regarde, tu es né le jour de Notre Dame de Lourdes et le crucifix a été trouvé en haut de la colline du Chemin de Croix de Lourdes. Pour moi, ton ange gardien veut te dire que ta mère est bien arrivée à la demeure céleste. Elle est où elle devrait être, et heureuse.

— Je ne sais pas comment remercier toute cette affection que Dieu a envers moi ! Merci, mon ange gardien !

— Il te suffit d'aimer Dieu comme tu l'as toujours fait jusqu'à présent. Et d'honorer ton ange gardien tous les jours, comme tu le fais déjà. Et de continuer à déclarer ton amour à Notre Dame plusieurs fois par jour. Mon ami, tu es sur la bonne voie.

5. INVITATION À LA PRIÈRE

L'être humain qui souhaite par-dessus tout atteindre la demeure céleste et jouir de la compagnie des anges et des saints doit se consacrer, entre autres choses, à la prière. Car celui qui ne prie pas ne connaîtra aucune progression sur son chemin spirituel. L'une des préoccupations majeures de l'ange gardien est donc que son protégé comprenne qu'il doit mener une vie de prière.

Un de mes amis, R., a une relation intéressante avec son gardien. Pendant une période de sa vie, l'être angélique le réveillait presque tous les jours à trois heures du matin pour qu'ils prient ensemble ! Cette habitude lui a donné la force nécessaire pour affronter des situations difficiles.

Un jour, alors que nous discutions de l'action des anges sur notre quotidien, R. m'a confié :

— Je ne sors jamais de chez moi sans avoir parlé avec mon ange gardien au préalable. Ce monde est vraiment compliqué et je me sens en sécurité quand il est avec moi.

— C'est fondamental oui !

— Même quand je dois prendre la voiture et aller quelque part où c'est difficile de se garer, je demande à mon ange.

— Comment ça ?

— Je lui demande de me trouver une place pour me garer. Ça marche du tonnerre !

On trouve un cas de dévotion semblable chez A. : marié et père de deux filles, il s'est un jour retrouvé sans travail. Au lieu de désespérer et de se plaindre à Dieu, il s'est consacré à sa vie spirituelle. Sans se laisser abattre – même s'il reconnaît qu'il se sentait parfois au fond du gouffre –, il a développé sa dévotion à Saint Michel et à son ange gardien.

Le temps passait et cela faisait déjà deux ans qu'il était sans travail. Un matin de septembre, je suis allé à la messe du dimanche avec mon épouse et mon fils. Sur le banc voisin au nôtre se trouvaient A. et sa famille. L'air heureux, il arborait un sourire victorieux.

— Pedro, je suis resté deux ans sans travailler !

— C'est terrible… Je prie toujours pour les pères de famille qui doivent retrouver un emploi, A.

— J'ai reçu une proposition il y a peu. Mais je l'ai refusée, malgré les difficultés.

— Comment ça ? On vous a proposé quelque chose et vous avez refusé ?

— Ce n'est pas tout à fait ça. Je vais vous expliquer. Un ami a parlé de moi à une bonne entreprise. Je lui ai passé mon CV et j'ai attendu. Entretemps cet ami a perdu son travail, alors quand j'ai eu l'entretien d'embauche, j'ai décliné l'offre et demandé qu'ils embauchent plutôt mon ami.

— Quelle démonstration de charité ! Les prières à Saint Michel et à votre ange gardien vous ont inspiré le véritable amour de Dieu. Vous avez fait preuve de miséricorde.

— Le plus intéressant c'est que je n'ai jamais regretté, à aucun moment, de l'avoir fait. Au fond de mon cœur j'ai senti le soutien des anges. Et puis un jour, j'ai rencontré par hasard un ancien collègue avec qui j'avais travaillé des années auparavant dans une entreprise de Rio de Janeiro. Il m'a demandé où je travaillais et je lui ai raconté ma situation. Alors il m'a demandé mon CV, pour le donner à l'administration d'un centre commercial. Je l'ai fait, mais au bout de quelques jours j'ai abandonné tout espoir que ça donne quelque chose.

— Mais vous continuiez à chercher un emploi dans votre domaine ?

— Oui. Je pensais même partir pour d'autres villes où il y a plus d'opportunités.

— Et alors que s'est-il passé, A. ?

— Peu après, j'ai reçu un coup de téléphone du centre commercial. Aujourd'hui j'y travaille et je suis très heureux. Dieu, avec ses anges, m'a été fidèle. Même quand on est dans la pire des situations, l'important est de ne jamais cesser de prier et de remercier pour ce qu'on a. Ne jamais cesser d'adorer Dieu !

6. RESPECT DES DESSEINS DE DIEU

L'ange gardien se consacre avec grand soin à sa mission, mais il ne défie jamais, à aucun moment, les directives données par le Père Céleste.

Tout d'abord, le gardien n'imposera jamais sa volonté à son protégé ; il cherchera toujours, en revanche, à lui faire comprendre la volonté de Dieu.

Ensuite, il ne perturbera jamais les plans de Dieu. Si l'être humain, lors de son passage sur Terre, doit affronter des problèmes pour évoluer spirituellement, l'ange ne pourra ni interférer, ni les annuler, ni les casser. L'être angélique peut, toutefois, être un baume au cœur du protégé, en lui apportant de la paix pendant les tempêtes. Il peut jouer un rôle moteur, en encourageant la personne à faire dignement face à la souffrance, sans perdre la foi, en lui donnant la certitude que la douleur est passagère et que la victoire l'attend.

À environ vingt-cinq ans, j'ai traversé une grande épreuve. Un matin, très mécontent de ce qui m'arrivait, j'ai voulu interroger I. :

— Je pense que tu es un très mauvais ange gardien. Ou alors, tu es moins puissant que tes semblables !

— Pourquoi me tiens-tu ce discours Pedro, mis à part ton immaturité spirituelle ? a-t-il répliqué d'un air tranquille.

— Tu le sais très bien ! Combien de temps est-ce que je vais encore souffrir comme ça, I. ?

— Je n'ai pas le droit de te le dire.

— Mais c'est pas croyable qu'un ange gardien n'ait pas le pouvoir de sortir son protégé d'une telle souffrance ! Au moins dis-moi combien de temps ça va encore durer, que je puisse mieux m'y préparer.

— Je suis triste de savoir que tu dois mieux t'y préparer, Pedro. Un homme à la spiritualité développée est toujours préparé. Je vois que tu es loin d'être ce que Dieu veut.

— C'est intenable. J'ai si mal que je n'arrive même plus à dormir.

— Si tu ne connais pas la paix intérieure, tu es très loin de l'idéal. Tu savais que les saints, malgré toutes les souffrances qu'ils enduraient au cours de leur vie, jouissaient toujours de la paix intérieure grâce à leur foi et leur abandon à Dieu ? Où est donc ta paix à toi, Pedro ?

— Soyons clair, I. : tu ne vas rien faire par rapport à la situation que je traverse ? Ni me dire combien de temps elle va encore durer ?

— Non. Ta souffrance est permise par le Créateur. Le Seigneur de l'Univers considère qu'elle est idéale pour ta croissance spirituelle. Il ne la révoquera pas et ne permettra à aucune créature, qu'elle soit humaine ou angélique, de perturber ses plans. Donc, tu dois être fort et cultiver la persévérance par la prière, le jeûne et la méditation.

De fait, les turbulences ont duré près de quatre années ! Avec toute son application, I. m'apparaissait chaque jour, m'apportant un réconfort spirituel, me mettant du baume au cœur. Grâce à son aide, j'ai pu dépasser ce grand obstacle et apprendre que nous devons affronter avec foi et persévérance les tests que Dieu nous présente. Notre Père sait ce qui est le mieux pour nous, pour notre croissance spirituelle, intellectuelle et morale. Il faut avoir confiance et s'en remettre à Dieu, sans jamais faillir.

En plus de s'occuper, entre autres, des questions liées au travail et aux problèmes familiaux, chaque ange gardien lutte pour que son protégé gagne son combat personnel contre le péché, pour qu'il soit marqué du sceau des amis de Dieu et obtienne le droit de demeurer au Paradis.

PARTIE IV

LA COMMUNICATION ENTRE L'ANGE GARDIEN ET SON PROTÉGÉ

Dès lors qu'une personne est convaincue de l'existence de son ange gardien et qu'elle cherche à cohabiter avec lui, plusieurs questions surgissent. La plupart ont trait à la communication. Les anges parlent-ils ? Dans quelle langue ? Est-il possible d'entendre leur voix ? Faut-il avoir des dons spéciaux pour entrer en contact avec eux ?

Je collectionne un nombre impressionnant de questions sur la façon dont les anges gardiens s'adressent à leurs protégés. Elles proviennent de personnes qui, ces dernières années, sont venues me voir aux séances de dédicace ou aux sessions de prières, ou ont posté des messages sur les réseaux sociaux.

Comme je l'ai promis à tout le monde, j'essaierai de répondre, avec mes connaissances limitées, acquises tout au long de ma cohabitation avec ces créatures, aux questions qui me semblent les plus importantes.

Nous avons déjà vu que les anges gardiens emploient le plus souvent les songes, les visions et les intuitions pour transmettre des messages à leurs protégés. On peut donc affirmer qu'ils ont surtout recours à l'esprit.

Si le protégé a une intimité suffisante avec son ange, ce dernier a la voie libre pour lui faire passer des messages, ce qu'il fera probablement par les rêves ou par la télépathie. Cela signifie-t-il que la personne doit avoir un don particulier ? La réponse est non.

L'important est de vivre au quotidien avec son assistant angélique, de persévérer dans la recherche d'une plus grande intimité avec son protecteur, selon les commandements bibliques. La pratique d'exercices spirituels comme la méditation, la prière personnelle et le jeûne viennent faciliter cela : ces outils ont en effet le pouvoir d'épurer le canal de communication.

1. LA TÉLÉPATHIE

À la naissance, nous avons tous le don de télépathie. Mais par manque de pratique, nous finissons par nous « rouiller » et perdre cette aptitude, notamment parce qu'on nous enseigne que la télépathie relève des contes de fées. Par ailleurs, la société dans laquelle nous vivons nous convainc qu'il faut dire (et largement) tout ce que l'on pense et de préférence haut et fort. Par conséquent, notre capacité d'écouter notre prochain diminue. Conclusion : si nous avons des problèmes pour communiquer entre nous, les êtres humains, alors imaginez avec les anges !

Comment réactiver la télépathie ? Il est essentiel de savoir faire silence dans son esprit et dans son cœur. Sans la pratique du silence intérieur, vous n'aurez aucune chance de raviver votre don de télépathie. Si votre esprit ne sait pas se taire et saute comme une puce d'idée en idée, de pensée en pensée, il ne laisse pas la place à votre ange gardien de vous envoyer le moindre message. Quand on parle trop, on n'est pas en mesure d'entendre quoi que ce soit avec attention.

Ainsi, même si son gardien lui parle, le protégé n'entendra rien, à cause de son activité mentale intense. Ou plutôt : il pensera que son ange ne s'est jamais adressé à lui ! Le gardien finira par constater que ses tentatives sont vaines… S'évertuera-t-il encore longtemps ?

La communication angélique se perd au beau milieu du brouhaha, des soucis et des informations décousues qui polluent l'esprit de l'être humain. Avec le temps, la personne ne remarquera même pas que son ange gardien, pendant des années, a essayé de lui dire quelque chose.

Le silence intérieur est si important que nous pouvons le trouver dans les enseignements de Jésus-Christ, notre Maître.

Lorsque Marthe le reçoit chez elle et se plaint de sa sœur, Marie, qui reste auprès du Seigneur et ne l'aide jamais dans les tâches domestiques, Jésus lui dit : « Marthe, Marthe, tu te donnes du souci et tu t'agites pour bien des choses. Une seule est nécessaire. Marie a choisi la meilleure part, elle ne lui sera pas enlevée. » (Luc 10.41-42). Il a compris qu'avec tous ses tracas et toutes ses angoisses – dues à ses tâches au quotidien –, Marthe n'était pas en mesure d'entendre et de comprendre la voix de Dieu.

Grâce à la télépathie, le dialogue avec son ange gardien est plus rapide. Mon expérience m'a permis d'identifier, jusqu'à présent, trois formes de cette communication : l'ange peut envoyer des blocs d'idées, des images brèves ou bien des mots.

Un matin de 2015, je me dirigeais vers le métro pour aller travailler au centre-ville de Rio. Je parcourais mon chemin habituel quand, en traversant une rue, I. m'est apparu. Il ne touchait pas le sol et portait sa tunique verte de toujours. Il se tenait devant moi, à un angle d'environ 45 degrés au-dessus de ma tête.

— Pedro, tourne à droite à la prochaine rue, m'a-t-il exactement ordonné par télépathie.

— Là ? Maintenant ?

— Oui, tout de suite.

— Mais pourquoi ? Ça va me retarder, I. !

— Tourne là !

Sans discuter, j'ai pris la rue indiquée. D'après mes calculs, ce détour me ferait arriver au métro environ cinq minutes plus tard. En m'approchant de l'entrée de la station, j'ai perçu un sacré remue-ménage. Il y avait du vacarme dans la pharmacie proche des escaliers que je devais prendre pour accéder au métro.

— Que s'est-il passé ? ai-je demandé à un employé du métro.

— Vous n'avez pas vu ?! m'a-t-il répondu surpris.

— Non. Que s'est-il passé ?

— Une agression, à l'instant ! Une femme a été blessée à la jambe, par balle. Elle est à la pharmacie, on la soigne.

Or c'est précisément parce que j'ai compris le message de mon ange gardien que j'ai échappé à la terreur que les agresseurs, armés, ont semée. En s'adressant à moi, I. a accompli à la perfection sa mission de me protéger du danger.

2. LE SILENCE INTÉRIEUR

Arrivez-vous à faire le silence dans votre esprit et dans votre cœur ? Faites un essai. Asseyez-vous dans un endroit confortable, où personne ne viendra vous interrompre. Placez un crucifix devant vous. Pour commencer, signez-vous et fermez les yeux. Sentez votre corps s'installer confortablement sur la chaise, ou par terre, ou où que vous soyez.

Arrivez-vous à percevoir la position de votre corps ? Votre colonne vertébrale est-elle droite ou vous tenez-vous courbé ? L'endroit où vous êtes assis est-il dur, ferme, moelleux ? Avez-vous froid, ou chaud, ou bien la température vous est-elle agréable ? Avez-vous envie de bouger ? Si c'est le cas, ne le faites pas. Luttez et concentrez-vous pour rester le plus immobile possible. Si c'est difficile, identifiez la partie de votre corps qui n'est pas à son aise. Repérez-la bien, mais ne bougez pas. Maintenant que vous êtes installé dans cette position et que vous avez bien observé votre propre corps, analysez votre respiration.

À quelle fréquence respirez-vous ? Comptez mentalement le temps que vous mettez à bien remplir vos poumons, puis à bien les vider. Lorsque vous aurez perçu le rythme, appliquez-vous à le tenir pendant deux minutes. Votre corps le suivra ensuite sans effort.

À présent votre corps est au repos et votre respiration rythmée. Concentrez-vous sur les battements de votre cœur. Arrivez-vous à les percevoir ? Où les sentez-vous le plus nettement ? Essayez de vous concentrer sur votre front, au niveau des sourcils. Vous y arrivez ? Il suffit de focaliser votre attention sur cet endroit. Puis, sans cesser de le faire, bougez ou bien ouvrez les yeux à un moment donné. Gardez juste le rythme de cette pulsation en tête. Super !

Si vous avez été capable de réaliser cet exercice, gardez à présent les yeux ouverts, mais ne bougez pas et tenez le rythme de votre respiration. Changez juste le centre de votre attention : dirigez-la vers le crucifix devant vous. Ne le quittez pas des yeux. Combien de temps parvenez-vous à rester ainsi, sans aucune autre préoccupation, aucune autre pensée que le crucifix ?

Il s'agit bien entendu d'un exercice extrêmement difficile, mais le jour où vous réussirez à accomplir chaque étape décrite ci-dessus, vous arriverez à faire le silence dans votre esprit. Après avoir fixé votre attention sur le crucifix pendant un court instant, demandez à Dieu : « Seigneur, je veux entendre ta parole à travers mon ange gardien. » Puis reprenez le silence et la contemplation du crucifix.

J'aime faire cet exercice à l'église devant le Très Saint. Les catholiques savent que lorsqu'une veilleuse rouge est allumée près de l'autel, c'est que Notre Seigneur est là, dans le tabernacle. Contempler le Très Saint est un exercice de passivité. Il faut se mettre en silence et simplement jouir de la présence de Dieu. Se prosterner au pied du Seigneur et faire l'expérience de sa lumière, qui peut tout et guérit tout, qui sait ce dont nous avons besoin à ce moment précis et qui, pour cette raison, nous pénètre intensément.

L'exercice de la veilleuse ressemble à celui du crucifix. Asseyez-vous sur le banc de l'église, signez-vous et fermez les yeux. Sentez votre corps et l'endroit où vous avez pris place, puis cherchez la position qui vous convient le mieux. Redressez-vous (ne restez pas courbé, dans une mauvaise posture, même si vous êtes sur l'agenouilloir). Relâchez vos bras afin que les paumes de vos mains reposent sur vos cuisses. Si votre tête doit pendre, que ce soit en avant, le menton posé sur la poitrine. Prêtez attention à votre respiration.

Puis, comme dans l'exercice précédent, concentrez-vous sur les battements de votre cœur. Passé quelques instants, ouvrez les yeux. Regardez la veilleuse rouge à côté de l'autel. Laissez vos yeux se détendre, sans toutefois cesser de regarder cette lumière témoin de la présence de Dieu. Si vous savez où est le tabernacle, vous pouvez y poser votre regard, au lieu de fixer la veilleuse. Essayez d'oublier tout ce qui est autour. Imaginez que le Très Saint, à la façon du soleil, irradie une lumière de guérison et de libération vers vous. Sentez cette lumière pénétrer vos yeux, votre peau et vos cheveux. Circuler dans vos veines. Tout votre être est baigné de lumière. Vous reposez dans les bras du Seigneur.

Lorsque vous faites cet exercice, ne demandez rien. À ce moment-là, Dieu vous nourrit de Son amour et de Son pouvoir. Faites simplement l'expérience de Ses bras. De ceux de Jésus. Enfin, demandez qu'Il vous offre la grâce d'entendre la voix de votre ange gardien, messager des cieux. Faites à nouveau silence et attendez. Au bout de quelques minutes, signez-vous et mettez fin à l'exercice.

Une autre variante est aussi très efficace, mais uniquement valable pour ceux qui sont en mesure de recevoir le Corps du Seigneur, la communion, pendant la Sainte Messe. La marche à suivre est la même que dans les autres exercices. La différence, c'est la présence de Jésus en vous. En silence, après avoir reçu l'Eucharistie et être retourné au banc que vous occupiez dans l'église, refaites les étapes décrites dans les paragraphes précédents, en portant toute votre attention au Corps de Jésus qui est en vous. Concentrez-vous sur votre plexus solaire – le point au centre de votre poitrine. Sentez la force du Christ émaner de l'intérieur de votre être. Imaginez que son pouvoir est en train de vous purifier, de vous soigner, de vous revigorer. Tout votre corps s'illumine de la lumière de Dieu qui jaillit de la communion.

Après avoir senti cette présence bénie, demandez à Jésus de vous permettre d'entendre la voix de votre ange gardien tous les jours. Puis faites silence. Enfin, dites vos prières et reprenez le fil de la messe.

Que se passe-t-il quand on arrive à réaliser cet exercice avec succès ? Ah… mais c'est vous qui allez me le dire ! N'oubliez pas de noter chaque expérience dans un carnet ou sur un ordinateur. C'est important : cela vous aidera à analyser votre évolution spirituelle.

Il existe un autre problème qui peut vous empêcher d'entendre la voix de votre gardien : le tourbillon de sentiments qui prend les cœurs modernes. À notre époque, on dirait que le moindre événement a le pouvoir de nous ôter la paix et l'équilibre. Les joies et les tristesses semblent se suivre à une cadence très rapide, voire, dans certains cas, survenir en même temps !

Bien des gens viennent me dire qu'ils passent, dans une même journée, du bonheur à la déception. Les émotions se bousculent tellement que le soir on ne sait même pas vraiment ce qui a causé chacune d'entre elles.

J'ai dû me battre pour convaincre les gens que la pratique du silence intérieur est essentielle au développement spirituel. Une bonne partie des fidèles avec qui j'en parle m'assurent qu'ils n'ont pas de temps à perdre. S'asseoir en silence, sans penser à rien ? Sans laisser les émotions nous envahir ? Sans nous consacrer aux tâches quotidiennes ? Mais enfin c'est absurde ! Par contre, quand il s'agit de perdre du temps à regarder des *novelas* à la télé, aucun problème…

Il arrive que, face à la difficulté de pratiquer le silence, on renonce vite. C'est en effet une technique difficile… Mais l'on n'atteindra aucun résultat positif sans persévérance et patience.

Une femme de Rio de Janeiro m'a demandé un jour :

— Pedro, comment est-ce que je pourrais mieux sentir la présence de mon ange gardien ?

— Vous priez ?

— Oui. J'arrive même à aller à la messe tous les jours, dès le matin, a-t-elle répondu avec satisfaction.

— Est-ce que vous arrivez un peu avant le début de la messe ?

Je voulais savoir le temps dont elle disposait pour pratiquer le silence, car on ne se rend pas toujours compte que ces instants-là peuvent être mis à profit.

— Oui.

— Et que faites-vous en attendant l'arrivée du prêtre ?

— Je pense à mes problèmes en reprenant mon souffle. Je suis en surpoids et le trajet jusqu'à l'église me fatigue.

— Et si vous essayiez plutôt de fermer les yeux et concentrer votre attention uniquement sur votre respiration ? En observant comment votre poitrine monte et descend, comment votre inspiration s'adoucit peu à peu et comment les battements de votre cœur ralentissent et reviennent à la normale. Ensuite, une fois que votre respiration sera calmée, ouvrez les yeux. Essayez de fixer le Très Saint et de ne penser qu'au Seigneur. Au bout de quelques minutes, fermez à nouveau les yeux. Essayez de sentir la lumière qui émane de lui et qui baigne sa face. Sentez sa douce chaleur. Imaginez qu'elle pénètre votre peau et parcourt tout votre corps. Dieu est avec vous ! À ce moment-là, demandez à votre ange gardien de se manifester à vos côtés. Qu'il fasse en sorte, d'une façon ou d'une autre, que vous sentiez sa présence ! Vous avez déjà fait quelque chose de ce genre ?

— Non, je n'y ai jamais pensé ! Pour moi, tout ce qui est affaire de concentration est très difficile. Je suis tellement préoccupée par mes tâches domestiques que je pense à mille choses en même temps. J'ai vraiment du mal à faire face, vous savez ? Ça mouline toujours dans ma tête. Parfois j'arrive juste à confier à Dieu trois intentions de prières. Les doutes, les pensées douloureuses et les questions liées à mon travail m'envahissent complètement, d'un coup. Tout s'embrouille dans ma tête et je ne sais plus exactement sur quoi j'étais en train de prier.

Ce témoignage n'est pas unique. Des personnes qui cultivent leur vie spirituelle au quotidien, qui parcourent le chemin de la foi depuis longtemps, souffrent du même mal, connaissent la même difficulté : elles ne parviennent pas à se déconnecter des problèmes du monde qui les entoure et à laisser la place pour que Dieu leur parle à travers Ses messagers angéliques.

Il ne suffit pas de désirer le silence intérieur, de se dire à soi-même « je veux que mon esprit se taise maintenant » pour y arriver. Car celui-ci n'obéira pas sur commande. Pourquoi ? Parce qu'il faut du travail, du dévouement et de la persévérance. De l'entraînement. Imaginez que vous avez une table dans votre salon et que vous voulez l'en sortir. Elle est lourde, mais vous ne supportez plus de la voir là. Vous décidez de l'enlever tout seul. Si vous êtes une personne sédentaire, sans les muscles nécessaires, y arriverez-vous ? J'en doute, même si vous vous y attelez avec toute votre volonté. Mais si vous avez l'habitude des exercices physiques… Eh bien c'est pareil au niveau spirituel. Si vous n'entraînez pas vos facultés spirituelles, quand vous en aurez besoin, elles vous feront défaut !

Enfin, il faut beaucoup d'application pour déconstruire les mauvaises habitudes qui nous ont été inculquées par la société ou par notre propre paresse et qui nous empêchent de trouver le silence intérieur. Sans faire taire nos pensées et nos ressentis, il nous sera difficile d'entendre ce que nous dit notre ange gardien.

3. LA VOIX DES ANGES

Pour entendre la voix de son ange gardien, il faut être doté de l'ouïe spirituelle. On peut aussi bien naître avec ce don que le recevoir par l'action de l'Esprit Saint au cours de sa vie. Si vous vous consacrez à la pratique de la prière, du jeûne et de la méditation et appliquez les commandements du Seigneur, vous pourrez obtenir cette grâce.

Il y a des années, j'ai parlé au frère Juan Antonio d'un conflit que j'ai vécu avec un être démoniaque. Lors de cette apparition, un démon (qui, étant un ange déchu, est une créature puissante) a fait résonner sa voix de tonnerre. J'ai entendu chacun de ses mots de mes propres oreilles.

Le frère m'a écouté attentivement avant de me demander, à ma grande surprise :

— Si un démon s'est fait entendre de la sorte, Pedro, je suppose que ton ange gardien aussi. Comment est sa voix ?

— Frère, je peux compter sur les doigts de la main les fois où j'ai entendu la voix de I. On communique le plus souvent par télépathie. Il n'y a pas besoin de mots.

— À chaque fois que je pense aux anges louant Dieu, je les imagine en train de chanter de leurs voix merveilleuses ! Ton ange gardien a une jolie voix ? C'est un bon chanteur ?

— Oui, il a une très belle voix. Et c'est un grand chanteur, frère ! Mais cette prérogative ne lui est pas réservée. Pendant une réunion de prière que je dirigeais à São Paulo, alors que je chantais une chanson dont les gens ne connaissaient pas les paroles, j'ai entendu des voix qui m'accompagnaient. Et j'ai vu, au-dessus de la tête des fidèles, leurs anges gardiens qui s'étaient réunis et mis à chanter avec moi. C'était un chœur sensationnel ! À la fin, étonnamment, un monsieur est venu me demander quelles étaient ces voix merveilleuses qu'il avait entendues pendant cette chanson-là.

— Tu sais Pedro, il m'arrive aussi d'entendre les anges chanter pendant mes messes. Ils adorent le Seigneur à travers leur don pour la musique. Et ils ont vraiment des voix magnifiques ! s'est exclamé le frère.

— Frère, si tu sais déjà que les anges sont de bons chanteurs, si tu les as déjà entendus, pourquoi m'avoir interrogé sur la voix de mon ange ?

— Par pure curiosité. Je pensais que tu pourrais me donner davantage de détails, a-t-il répondu avec son sourire bien à lui.

Quelques années plus tard, à l'occasion d'une rencontre au Sanctuaire de Fátima, nos anges gardiens nous ont fait un cadeau spécial. Nous nous sommes retrouvés vers neuf heures du matin devant la statue de bronze de Saint Jean-Paul II pour aller, tout en priant le chapelet, jusqu'au bois de Valinhos où nous allions faire le Chemin de Croix.

Dès que nous avons emprunté la rue qui longe le sanctuaire, un cortège angélique s'est formé devant nous. Le frère Juan Antonio a senti quelque chose de spécial et m'a demandé :

— Qui est là avec nous ? Je sens une présence très agréable. Quelque chose de différent. Comme si le Ciel s'était ouvert pour nous. J'entends un chœur au loin !

— Ce sont six anges, frère, tous vêtus de tuniques bleues. Ils portent des lanternes et marchent deux par deux devant nous. Il y a aussi nos anges gardiens. Le mien est en vert ; le tien, en rouge.

— J'ai eu l'impression qu'ils priaient avec nous car j'ai entendu d'autres voix que les nôtres dans les *Ave Maria* !

— En effet, ils récitent le chapelet avec nous.

Ce jour-là, ces anges nous ont accompagnés tout au long du Chemin de Croix, entonnant avec nous tous les chants et toutes les prières.

Ainsi l'ange gardien peut-il émettre un son s'il comprend qu'il le faut pour le bon accomplissement de sa mission. À Manaus, un prêtre m'a raconté une expérience qu'il avait vécue en 2014 et qui illustre parfaitement cela :

— Écoute, Pedro. Un soir, alors que j'entrais dans mon salon et regardais vers la télévision, j'ai entendu une voix masculine, sortie de nulle part, me demander : « C., c'est toute la place que tu consacres au Seigneur dans ta maison ? » Sur le meuble télé il y avait juste une image de Jésus et la photo du pape Saint Jean-Paul II.

— Une voix ! Intéressant, C. À votre avis, c'était qui ? – j'aime beaucoup recueillir les avis des gens au sujet du surnaturel.

— Sur le moment, j'ai eu peur et appelé la fille qui travaille chez moi. Mais elle n'était pas là. Il n'y avait personne. Cet épisode m'a inquiété et je suis allé voir un psychiatre. J'ai cru que j'étais en plein délire.

— Et vous avez tout raconté au psychiatre ?

— Oui, j'étais bien obligé.

— Et quel a été son avis ?

— Il m'a dit : « C., si vous aviez entendu une voix vous disant de blesser quelqu'un ou de vous tuer, je vous aurais dit que vous êtes gravement malade. Mais une voix qui vous invite à donner plus d'espace à Dieu dans votre vie vient forcément d'une autre dimension. »

— Le verdict du médecin vous a apaisé ?

— Oh oui !

— Alors, à votre avis, en tant que prêtre, que s'est-il passé ce jour-là ? C'était la voix de qui ?

— J'ai pensé que c'était Jean-Paul II lui-même qui me demandait de donner plus d'espace à Dieu chez moi. Je lui voue une grande dévotion.

— Mais c'était sa voix ? On la connaît bien, puisqu'on l'a entendue pendant des années, alors qu'il était pape, non ?

— Non, cette voix-là était différente. Je sais juste que c'était une voix masculine. Mais qui ça pouvait être, Pedro ?

— Votre ange gardien, C.

— Mais il m'aurait parlé ? a demandé le prêtre l'air surpris.

— Oui, bien sûr ! Vous êtes son protégé. Vous êtes prêtre, fils de prédilection de la Vierge Marie, la Reine des Anges. Vous êtes très important. Votre ange gardien se bat pour votre évolution spirituelle et tient à vous passer un message. Il veut que Dieu occupe plus de place dans votre vie. Pas seulement dans vos meubles chez vous, mais dans tout ce que vous faites.

4. LA LANGUE DES ANGES

Les anges ont leur propre langue, différente de celles que nous pouvons entendre sur notre planète. C'est la langue des anges, dont parle Saint Paul dans sa Première lettre aux Corinthiens (13.1) : « J'aurais beau parler toutes les langues des hommes et des anges. » Les créatures angéliques peuvent, toutefois, parler n'importe quelle langue humaine, y compris celles qui se sont éteintes, comme le sanskrit ou le latin. Ce qui est curieux, c'est que lorsque nous entonnons des chants dans la langue des anges, les démons se sentent vraiment très mal. Mais nous en reparlerons à une autre occasion…

Certaines personnes ont le « don des langues », une expression employée pour ceux qui peuvent prier dans la langue des anges. Dans les groupes de prière du chapelet, quand nous « chantons en langues », les êtres angéliques présents nous accompagnent aussitôt.

Peu de gens parviennent à comprendre ce qui est dit ou chanté, car le don d'interpréter le langage angélique est rare. Ceux qui en ont la capacité, toutefois, comprennent qu'il s'agit en général de louanges à Dieu ou de directives importantes pour le peuple.

Les anges gardiens peuvent transmettre à leurs protégés des messages dans leur propre langue, si la personne ou quelqu'un sur place est capable de l'interpréter. Un jour, à Rio de Janeiro, je suis allé prier chez Z. J'avais un souci qui me tracassait depuis des mois. Je voulais une réponse de Dieu, mais je n'en avais parlé à personne. À la fin du chapelet, Z. m'a regardé et demandé :

— Tu entends la chanson que nos anges sont en train de chanter, Pedro ?

— Oui, c'est une très belle mélodie.

— Je parle des paroles. Tu arrives à les comprendre ?

Alors, mot pour mot, elle m'a répété une phrase dans la langue des anges, un passage des paroles qu'ils chantaient. La traduction m'est immédiatement venue à l'esprit. S'apercevant que les autres personnes présentes n'avaient pas compris, Z. a tout traduit. Cela correspondait exactement à ce que j'avais en tête.

— Pedro, tu confirmes ma traduction ? m'a-t-elle demandé avec son sourire habituel.

— Absolument, Z. !

Peu après, mon problème a trouvé sa solution sur la base de cette phrase précise.

5. L'APPARITION DE L'ANGE

Voir son ange gardien de ses yeux humains est une autre grâce possible. Pour cela, il faut en principe avoir le don de la vision spirituelle. Il m'est déjà arrivé, cependant, de rencontrer des exceptions à cette règle.

Une de mes amies, S., qui voue un véritable culte à son protecteur, m'a raconté une histoire qui aide à comprendre comment les êtres angéliques peuvent communiquer avec nous en se matérialisant à nos yeux.

— Pedro, je voudrais vraiment voir mon ange gardien. Je sens sa présence quand je prie. Chaque fois que je l'appelle, il vient.

— Comment sais-tu qu'il vient ?

— Parce que je sens clairement sa présence.

— Alors ton degré de communication avec ton être angélique est au-dessus de la moyenne. Bravo !

— Mais ça ne me suffit pas. Je veux plus !

— C'est déjà beaucoup, ai-je répliqué, pour la tester.

— Ne dis pas ça, toi tu as beaucoup plus que la moyenne !

— Et il existe certainement des gens qui ont encore plus que moi, S. ! Mais je suis curieux. Dis-moi, quel type d'expérience aimerais-tu vivre avec ton ange gardien ?

— Eh bien après toutes ces années d'amitié, Pedro, mon ange ne m'est jamais apparu.

— Je comprends. Je ne peux pas te garantir qu'il va se montrer à toi, mais tu peux toujours essayer.

— Comment faire ? Il m'accompagne au quotidien, pendant les messes, le chapelet et l'adoration. Que faut-il faire de plus ?

— Pendant tous ces instants de prière, est-ce que tu lui dis que tu aimerais le voir de tes propres yeux ?

— Non, je n'ai jamais fait cela…

— Alors, au début et à la fin de chacun de tes exercices spirituels, tu fermeras les yeux et tu lui demanderas de se révéler à toi.

Quelque temps plus tard, S. m'a recontacté. Elle parlait très vite au téléphone et était très enjouée.

— Pedro, tu ne devineras jamais ce qui m'est arrivé !

— Quoi donc, S. ?

— J'étais dans ma chambre, en train de prier, la porte était entrouverte et toutes les lumières de la maison éteintes, sauf une lampe près de là où j'étais agenouillée. Tout à coup, j'ai perçu une lumière venant de la porte. Mais il n'y avait personne d'autre que moi à la maison. J'ai eu si peur que j'ai sauté sur le lit. Et j'ai caché ma tête sous l'oreiller pour ne plus rien voir.

— Mais S., que se passait-il ?

— Je venais de demander à mon ange gardien de m'apparaître. Le problème, c'est que quand il est arrivé dans cette lumière, j'ai eu trop peur. Je lui ai demandé de repartir.

— Incroyable ! Au bout de tant d'années, tu parviens à ton objectif, mais tu as peur de ton grand protecteur et tu es incapable de le regarder de tes propres yeux. Comment c'est possible, S. ?

— Je ne sais pas. J'ai eu une sacrée frayeur. Que faire maintenant ? Je regrette et je veux vraiment le voir.

— Je pense qu'il ne t'apparaîtra plus jamais sous cette forme, puisqu'il connaît ta peur.

— Pedro, donne-moi une autre idée, s'il te plaît.— Je crois que tu peux lui demander d'arranger la situation. Explique-lui que tu as eu vraiment peur et que tu aimerais qu'il trouve un autre moyen de se montrer à toi.

Les anges gardiens sont très créatifs. Ils peuvent imaginer différentes façons d'entrer en contact avec leurs protégés. Si vous voulez vraiment connaître votre gardien, mais que vous avez peur, demandez-lui d'apparaître autrement, sans se matérialiser devant vous. Je crois qu'il trouvera une solution. Qui sait, peut-être vous apparaîtra-t-il nettement en rêve ?

6. RÊVES

Plus on cherche à côtoyer son ange protecteur, plus la communication spirituelle évolue, de jour en jour, pour gagner de nouvelles couleurs. En la soignant, on favorise l'émergence de nouveaux canaux, parmi lesquels le rêve.

Il suffit d'évoquer la vie de Saint Joseph. L'Évangile de Matthieu raconte l'histoire suivante : « Or, voici comment fut engendré Jésus-Christ : Marie, sa mère, avait été accordée en mariage à Joseph ; avant qu'ils aient habité ensemble, elle fut enceinte par l'action de l'Esprit Saint Joseph, son époux, qui était un homme juste, et ne voulait pas la dénoncer publiquement, décida de la renvoyer en secret. » (Mt 1.18-19).

Dans les lignes qui suivent, le texte indique que l'« Ange du Seigneur » lui apparut en songe pour l'informer que l'enfant était engendré par l'action de l'Esprit Saint. Il lui demanda aussi de lui donner le nom de Jésus. Pour moi, cet être était son ange gardien.

Je suis sûr et certain que nos anges peuvent utiliser les rêves pour communiquer avec leurs protégés. Un jour, par exemple, mon ami Otto m'a appelé, soucieux :

— Mon ami, je suis très préoccupé par mes rêves. Parfois ça me fait même peur…

— Pourquoi, Otto ? Que s'est-il passé ?

— Des prémonitions. Des choses que je vois en rêve et qui finissent par arriver dans la réalité.

— Et ça ne te plaît pas du tout, d'être prévenu de ce qui va se passer ?

— Ce n'est pas que ça ne me plaît pas, mais… – il cherchait ses mots pour mieux exprimer ce qui le tracassait – je ne suis pas du genre à anticiper quoi que ce soit. C'est très étrange. Même la sensation que j'ai dans mes rêves est différente. Je me sens très mal à l'aise. Je me réveille aux aurores et très agité. Je ne sais pas d'où ça vient !

— Moi je le sais : ça vient de ton ange gardien.

— Tu crois vraiment, Pedro ?!

Comme une bonne partie des gens qui prient avec moi, Otto a la fausse impression que les expériences mystiques sont réservées aux personnes « extraordinaires ».

— J'en suis certain, Otto ! Le rêve est un des moyens de communication de l'ange. Par ce biais il peut te prévenir de choses importantes. C'est super ! Et je peux t'assurer qu'il doit être heureux de voir votre intimité se développer. Ton cheminement produit ses fruits. Tu es en nette évolution spirituelle !

— Mais, avec tout mon respect, ça m'effraie un peu. Est-ce que ça va m'arriver toutes les semaines ? Ça fait déjà deux semaines d'affilée, Pedro !

— Calme-toi, Otto ! Qu'est-ce que ton ange t'a dit cette fois-ci ?

— Dans mon dernier rêve, j'ai vu très clairement un nombre en argent. Ce montant faisait l'objet d'un accord que mon entreprise allait signer lors d'une audience dans un tribunal. J'ai vu un papier, sous mes yeux, avec le bon montant !

— Et tu veux parler de l'audience d'hier ?

— Oui !

— Raconte-moi comment ça s'est passé.

— Pour résumer : comme dans le rêve. Les parties sont parvenues à un accord. Et à la fin, le montant était exactement celui que j'ai vu en rêve ! Sur le moment, j'en ai eu des frissons !

— Eh bien mon ami, ton ange gardien savait que cette action en justice te perturbait trop. Il a tout résolu au mieux.

— C'est vrai. Ça me tracassait depuis un bon moment. Je priais pour que ça se termine le plus vite possible. L'idéal était vraiment de trouver un accord, pour mettre un terme à l'affaire.

— Tu vois, Otto, comme ton ange est efficace : il a permis un accord juste. Et il t'a montré à l'avance que le problème allait être réglé. Conclusion : il s'est occupé de tout pour toi !

— C'est vrai ! Je suis soulagé. Tout s'est passé au mieux.

7. SIGNES

Pour mener à bien leur tâche, les anges peuvent aussi avoir recours à des signes compréhensibles, à des êtres humains, à des animaux ou à des phénomènes de la nature.

À un moment de ma vie, j'ai traversé de grandes difficultés. Je priais tous les jours pour que Dieu me donne une réponse. Je demandais à mon ange gardien de me dire ce que le Seigneur voulait de moi, mais il gardait le silence. Un samedi soir, je suis allé à la messe. Je suis arrivé cinq minutes avant et me suis mis à prier à genoux, en parlant au Père Céleste de mon problème.

Du coin de l'œil, j'ai aperçu I. assis sur le banc à côté de moi. J'ai poursuivi mes prières sans en tenir compte. Le prêtre et l'équipe liturgique sont arrivés. La messe allait commencer. J'ai arrêté de prier, me suis levé et suis resté près de l'entrée.

Lorsque le prêtre, arrivé à l'autel, s'est mis à chanter le signe de la croix, mon ange a dirigé mon regard vers la travée de gauche. Un homme s'y trouvait, vêtu d'un t-shirt blanc sur lequel on pouvait lire la réponse dont j'avais tant besoin. C'était un présent de Dieu ! Et tout s'est passé selon le message écrit sur le t-shirt.

Une autre fois, j'avais un problème à régler à São Paulo. J'ai débarqué à l'aéroport très soucieux. J'avais prié avec I. pendant tout le vol. Lorsque je suis monté dans le taxi, le chauffeur m'a demandé s'il pouvait allumer la radio et j'ai répondu oui. Puis j'ai prêté attention à ce que disait l'animateur. Il a prononcé une phrase qui était la réponse exacte que j'avais besoin d'entendre de Dieu ! J'ai regardé mon ange et remercié. Une fois de plus, tout s'est passé selon le message.

En novembre 2015, mon ami Otto a vécu une expérience intéressante avec son protecteur dans le Sanctuaire de la Medalha Milagrosa, à Rio de Janeiro :

— Pedro, avant le début du chapelet, j'étais près de toi, à côté de l'autel. Il y avait des gens assis sur les marches. J'ai vu deux femmes qui priaient, concentrées, chapelet en main, en attendant que tu commences. J'ai voulu prier aussi et fermer les yeux. Et j'ai vu, pile devant moi, un bras venu de nulle part et une longue manche verte.

— Otto, tu as vu à qui appartenait ce bras ?

— C'était bizarre. Je savais qu'il y avait quelqu'un. Le bras devait bien appartenir à un corps ! Mais je n'arrivais pas à le voir. Ni à voir autre chose que la main et l'avant-bras, d'ailleurs.

— J'ai compris. Tu n'as pas pu avoir accès à toute la créature. Ta vision spirituelle a un peu failli. Mais tu as quand même compris ce qu'elle te voulait ?

— Oui, parce que la main désignait les deux femmes qui priaient. J'avais beau essayer de regarder ailleurs, la main me ramenait vers elles. Sur le moment, j'ai su du fond de mon cœur que mon chemin spirituel comprenait la prière du chapelet.

Dans cet exemple, l'ange d'Otto s'est montré plutôt explicite. Dès que son protégé a fermé les yeux, il lui est apparu vêtu d'une tunique verte, sachant qu'à cette époque, Otto n'était pas en mesure de l'entendre. Il a donc eu recours à sa vision spirituelle – bien qu'elle ne soit pas des plus développées – pour lui faire passer le message suivant : « Prie le chapelet pour évoluer spirituellement ! » Otto, qui est un homme de prière, l'a aisément compris.

PARTIE V

LES ANGES GARDIENS ONT UN NOM

On trouve, dans les différents livres de la Bible, quelques noms d'anges, comme Michel, Raphaël et Gabriel. Ce n'est donc pas une nouveauté de dire que les êtres angéliques ont des noms propres, y compris les anges gardiens.

Une dame qui fréquentait mon groupe de prière à Rio de Janeiro a un jour affirmé, catégorique :

— Pedro, mon ange gardien est l'archange Michel.

— Pardon ?!

— Vous n'avez pas entendu ? Saint Michel Archange est mon protecteur.

— Je ne voudrais pas gâcher votre joie, mais ce n'est pas vrai, ai-je tranquillement répondu.

— Pourquoi ? Un archange ne peut pas être ange gardien, Pedro ?

— Ce n'est pas fréquent, mais ça peut arriver, si.

— Alors c'est bien ce que je dis : Saint Michel Archange est le mien ! a-t-elle insisté.

— Mais je vois votre ange, là, et ce n'est pas Saint Michel.

La femme m'a dévisagé, sidérée. J'ai gardé le silence, attendant sa réaction. Manifestement, elle était désemparée.

— Je veux le nom, a-t-elle fini par dire, en me serrant le bras.

— Quel nom ?

— Son nom à lui, le nom de mon ange gardien !

J'ai demandé à l'être angélique quelle était sa hiérarchie. Il m'a répondu qu'il était un ange. Alors, gentiment, il m'a demandé de révéler son nom à sa protégée, qui a alors affiché un sourire jusqu'aux oreilles.

— Je me suis toujours posé la question, mais maintenant c'est fini !

— Quelle question ?! Vous étiez tellement persuadée que c'était l'archange Michel...

— Je voulais simplement avoir un ange à mes côtés, fort et puissant, pour me protéger dans les situations difficiles. Comme je ne savais pas qui c'était, j'ai décidé d'invoquer l'archange Michel comme ange gardien.

— Bien sûr, vous devez appeler tous les jours Saint Michel, mais appelez aussi votre ange gardien. Vous serez encore plus protégée comme ça, non ?

— Vous avez tout à fait raison !

Depuis cette discussion, j'ai compris que beaucoup de gens ont une attitude similaire. Ils veulent appeler leur ange par son nom, mais comme ils ne le connaissent pas, ils finissent par attribuer son poste à l'un des archanges connus de l'Évangile. Un autre comportement est assez commun : les fidèles recherchent des pages ésotériques indiquant de supposés noms d'anges, dont chacun aurait pour fonction de régir une journée d'anniversaire. Et voilà : votre ange gardien serait celui de votre jour de naissance ! Mais ce n'est pas comme ça que ça marche.

Pendant les prières que je mène, les anges gardiens m'indiquent souvent leurs noms, avec la permission de Dieu. En principe, ils me demandent de ne les révéler qu'aux gens qui sont présents.

Une femme m'a un jour envoyé un message intéressant via les commentaires de ma page Instagram. Elle avait fait un rêve surprenant qui lui paraissait très réel, où se trouvait une énorme quantité d'eau. À un moment donné, elle a entendu quelqu'un dire que son nom était A. ! Elle a aussitôt senti, au fond de son cœur, qu'il s'agissait de son ange gardien. Dans le doute, elle a décidé de m'écrire. Je lui ai répondu qu'elle était dans le vrai.

Mais si le lecteur n'a pas accès au nom de son ange protecteur, que doit-il faire ? À dire vrai, cette question ne me paraît pas importante. Ce qui est fondamental, c'est de chercher à côtoyer et être ami avec son ange au quotidien, en créant un lien fort avec lui.

Une autre possibilité est de le traiter comme un grand ami.

— Pedro, je ne connaissais pas le nom de mon ange gardien, je le sentais juste près de moi, m'a un jour dit mon amie S. — Alors j'ai eu l'idée de lui donner un surnom. Est-ce que c'est un péché ?

— Non, c'est un acte d'amour !

— C'est ce que je me suis dit : j'ai tellement de tendresse pour lui... Nous sommes plus proches comme ça.

— Je trouve que c'est une super idée, S.

— Tu crois qu'il peut en être blessé ?

La réponse est très simple : quand on donne un surnom affectueux à un ami, est-ce qu'il se sent plus aimé ? Oui et cela égaye sans doute son cœur. C'est pareil pour l'ange gardien. Donc, si on tient à l'appeler par un nom, il suffit de trouver un bon surnom. Il n'y a aucun mal à ça.

M., une ancienne élève de catéchisme de mon épouse, lui a un jour envoyé un e-mail intéressant. Lors d'un rêve, elle a eu accès au nom de son ange gardien. Elle voulait savoir si son expérience était légitime et a demandé à mon épouse de me consulter. En me penchant sur la question, j'ai pu confirmer les informations qu'elle avait reçues en songe.

Si vous souhaitez connaître le nom de votre ange gardien, essayez d'avoir un contact quotidien avec lui. Appelez-le pour qu'il vous accompagne dans vos prières. Puis, après avoir prié, demandez-lui quel est son nom, sans détour. Demandez-lui de vous transmettre cette information. Plusieurs personnes que j'ai rencontrées lors de mes rencontres de prière ont vu leur ténacité quotidienne récompensée.

PARTIE VI

DES PRIÈRES QUI NOUS RAPPROCHENT DES ANGES

Vers mes 18 ans, alors que je courais sur la plage de la pointe de Leblon vers celle d'Arpoador, un samedi ou un dimanche matin, un jeune à la peau rayonnante, pieds nus, vêtu d'une tunique verte, m'a coupé la route à toute vitesse au niveau du poste 10, sur la promenade. C'était I. Il s'est arrêté à un mètre de moi, m'a regardé dans les yeux, a souri et déclaré :

— La prière ne peut pas être faite que de mots.

— Tu m'as fait peur ! Et tu as failli me faire tomber ! La prochaine fois que tu débarques comme ça, préviens-moi.

J'ai poursuivi mon jogging en méditant sur cette phrase. Aussitôt, j'ai pensé aux gens qui disent les prières traditionnelles de façon automatique : ils récitent les paroles, mais leurs cœurs ne sentent rien et leurs esprits se dispersent. Pourtant, quand ils ont terminé, ils ont le sentiment du devoir accompli. Mais est-ce que c'est vraiment efficace face au Créateur ? Est-ce que la prière a atteint son objectif ? D'après mon ange gardien, pas du tout !

Ce même jour, alors que je m'habillais après la douche, I. m'est encore apparu.

— C'est important que tu comprennes bien ce que je t'ai dit.

— Je crois que j'ai compris, lui ai-je répondu, même si je ne voyais pas bien, en vérité, ce qu'il voulait avec cette phrase.

— Ce que je t'ai dit a une réelle signification.

— I., tu crois que je fais mes prières en mode automatique, comme beaucoup de gens ?

— Non.

— Alors je ne comprends pas très bien ce que tu veux de moi.

— Je parle de ton esprit et de ton cœur.

— Comment ça ?

— Pour s'unir au Père Céleste, il faut concentrer son esprit et son cœur sur l'objet de notre prière.

— Je comprends. Mais ce n'est pas si facile à appliquer.

— Dieu est simple, Pedro.

— Simple, mais difficile !

— La simplicité de Dieu requiert discipline et dévouement.

— I., je le sais depuis tout petit.

— Je veux juste que tu te rapproches encore plus de Dieu.

— I., c'est vrai que très souvent, mes prières ne viennent pas du fond de mon esprit et de mon cœur. Les mots ou les idées finissent par se diluer dans la fatigue. Parfois, je l'admets, c'est du pur ennui. Quand je ne suis pas disposé à prier, rien de bon n'en sort.

Que voulait donc m'enseigner mon ange gardien ? Dieu souhaite que nous prenions plaisir à prier, que ce ne soit pas quelque chose d'imposé, quelque chose que l'on fait par obligation. Et par-dessus tout, il désire que notre temps dédié à la pratique de la prière personnelle soit offert avec amour au Créateur : une recherche de plus en plus parfaite de communication avec celui à qui nous devons notre vie.

Tâchez de ne pas vivre uniquement dans le monde matériel. Souhaitez, d'esprit et de cœur, avoir une vie pleine, sous la main sûre du Père Céleste, de la Mère de Dieu et des saints Anges. Dans votre routine, introduisez des prières efficaces qui peuvent faire de vous un nouvel être humain.

Afin d'aider mes lecteurs, voici quelques prières catholiques traditionnelles, excellentes quand on désire se rapprocher des êtres angéliques.

1. PETIT EXORCISME DE SAINT MICHEL ARCHANGE

Saint Michel Archange, défendez-nous dans le combat ; soyez notre secours contre la perfidie et les embûches du démon. Que Dieu exerce sur lui Son empire, nous le demandons en suppliant ; et vous, prince de la milice céleste, refoulez en enfer, par la Vertu divine, Satan et les autres esprits malins qui errent dans le monde pour la perte des âmes. Ainsi soit-il.

2. PRIÈRE À L'ANGE GARDIEN

Ange de Dieu, qui êtes mon fidèle gardien, et aux soins duquel j'ai été confié par la Bonté Suprême, daignez, durant cette journée (ou cette nuit), m'éclairer, me garder, me conduire et me gouverner. Ainsi soit-il.

3. PRIÈRE AUX NEUF CHŒURS ANGÉLIQUES[5]

Saint Michel Archange, je vous recommande l'heure de ma mort. Tenez alors le Malin prisonnier, pour qu'il ne puisse pas combattre contre moi et nuire à mon âme.

Saint Raphaël Archange, conduisez-moi sans cesse sur le chemin de la vertu et de la perfection.

Saint Gabriel Archange, obtenez-moi de Dieu une foi vive, une forte espérance, une ardente charité et une grande dévotion au saint Sacrement de l'autel et à la Vierge Immaculée.

Mon saint Ange gardien, obtenez-moi l'inspiration divine et la grâce spéciale d'y être fidèle.

Ô ardents Séraphins, obtenez-moi un brûlant amour de Dieu.

Ô Chérubins brillants de lumière, obtenez-moi la vraie connaissance de Dieu et la science des saints.

Ô Trônes admirables, obtenez-moi la paix et la tranquillité du cœur.

→

5. Également appelée « Chapelet des saints Anges ».

Ô Dominations élevées, obtenez-moi la victoire sur tous les mauvais penchants.

Ô Puissances invincibles, obtenez-moi la force contre tous les mauvais esprits.

Ô sérénissimes Principautés, obtenez-moi une obéissance et une justice parfaites.

Ô miraculeuses Vertus, obtenez-moi la plénitude de toute vertu et de toute perfection.

Ô saints Archanges, obtenez-moi la conformité à la volonté de Dieu.

Ô saints Anges, fidèles protecteurs, obtenez-moi une vraie humilité et une grande confiance en la Miséricorde divine.

Ainsi soit-il.

4. CHAPELET À SAINT MICHEL ARCHANGE[6]

V – Dieu, venez à notre aide.

R – Seigneur, secourez-nous et sauvez-nous.

Gloire au Père et au Fils et au Saint Esprit, comme il était au commencement, maintenant et toujours, pour les siècles des siècles. Ainsi soit-il.

Première salutation : Par l'intercession de Saint Michel et du Chœur céleste des Séraphins, que le Seigneur nous rende dignes d'être enflammés d'une parfaite charité. Ainsi soit-il.

Gloire à Dieu... Un « Notre Père » et trois « Je vous salue Marie ».

Deuxième salutation : Par l'intercession de Saint Michel et du Chœur céleste des Chérubins, que le Seigneur nous fasse la grâce d'abandonner la voie du péché et de courir dans celle de la perfection chrétienne. Ainsi soit-il.

Gloire à Dieu... Un « Notre Père » et trois « Je vous salue Marie ».

→

6. Également appelée « Couronne Angélique ».

Troisième salutation : Par l'intercession de Saint Michel et du Chœur céleste des Trônes, que le Seigneur répande dans nos cœurs l'esprit d'une véritable et sincère humilité. Ainsi soit-il.

Gloire à Dieu... Un « Notre Père » et trois « Je vous salue Marie ».

Quatrième salutation : Par l'intercession de Saint Michel et du Chœur céleste des Dominations, que le Seigneur nous fasse la grâce de dominer nos sens et de nous corriger de nos mauvaises passions. Ainsi soit-il.

Gloire à Dieu... Un « Notre Père » et trois « Je vous salue Marie ».

Cinquième salutation : Par l'intercession de Saint Michel et du Chœur céleste des Puissances, que le Seigneur daigne protéger nos âmes contre les embûches et les tentations du démon. Ainsi soit-il.

Gloire à Dieu... Un « Notre Père » et trois « Je vous salue Marie ».

Sixième salutation : Par l'intercession de Saint Michel et du Chœur admirable des Vertus, que le Seigneur ne nous laisse pas succomber à la tentation, mais qu'il nous délivre du mal. Ainsi soit-il.

→

Gloire à Dieu... Un « Notre Père » et trois « Je vous salue Marie ».

Septième salutation : Par l'intercession de Saint Michel et du Chœur céleste des Principautés, que le Seigneur emplisse nos âmes de l'esprit d'une véritable et sincère obéissance. Ainsi soit-il.

Gloire à Dieu... Un « Notre Père » et trois « Je vous salue Marie ».

Huitième salutation : Par l'intercession de Saint Michel et du Chœur céleste des Archanges, que le Seigneur nous accorde le don de la Persévérance dans la foi et dans les bonnes œuvres, pour pouvoir arriver à la possession de la gloire du Paradis. Ainsi soit-il.

Gloire à Dieu... Un « Notre Père » et trois « Je vous salue Marie ».

Neuvième salutation : Par l'intercession de Saint Michel et du Chœur céleste de tous les Anges, que le Seigneur daigne nous accorder d'être gardés par eux pendant cette vie mortelle, pour être conduits ensuite à la gloire éternelle du Ciel. Ainsi soit-il.

Gloire à Dieu... Un « Notre Père » et trois « Je vous salue Marie ».

→

On récite ensuite quatre « Notre Père », respectivement en l'honneur de Saint Michel Archange, de Saint Gabriel Archange, de Saint Raphaël Archange et de notre ange gardien.

Antienne : Très glorieux Saint Michel, chef et prince des armées célestes, gardien fidèle des âmes, vainqueur des esprits rebelles, favori de la maison de Dieu, notre admirable guide après Jésus-Christ, vous dont l'excellence et la vertu sont suréminentes : daignez nous délivrer de tous les maux, nous tous qui recourons à vous avec confiance, et faites par votre incomparable protection, que nous avancions chaque jour dans la fidélité à servir Dieu.

V – Priez pour nous, ô bienheureux Saint Michel, Prince de l'Église de Jésus-Christ.

R – Afin que nous puissions être dignes de ses promesses.

Oraison : Dieu tout puissant et éternel, qui par un prodige de bonté et de miséricorde pour le salut commun des hommes, avez choisi pour prince de votre Église le très glorieux Archange Saint Michel ; rendez-nous dignes, nous vous en prions, d'être délivrés, par sa bienveillante protection, de tous nos ennemis, afin qu'à notre mort aucun d'eux ne puisse nous inquiéter, mais qu'il nous soit donné d'être introduits par lui en présence de votre puissante et auguste majesté. Par les mérites de Jésus-Christ Notre Seigneur. Ainsi soit-il.

5. PRIÈRE AUX SAINTS ANGES

Nous vous louons et vous bénissons, ô Jésus-Christ, parce que vous êtes le centre du monde angélique.

Nous vous adorons, ô Jésus-Christ, parce que vous reviendrez dans la gloire, avec tous vos anges.

En vous, ô Notre Seigneur, furent créées toutes les choses du Ciel et de la Terre, visibles et invisibles : Séraphins, Chérubins, Trônes, Dominations, Puissances, Vertus, Principautés, Archanges et Anges. Tout fut créé par le Christ et pour le Christ.

Nous vous bénissons, Esprits Célestes, Serviteurs envoyés au service de ceux qui héritent du Salut. Nous vous bénissons parce que vous êtes depuis la Création au service de Dieu, Messagers obéissants qui annoncent le Salut des êtres humains et nous aident sur le chemin de Dieu.

Nous vous bénissons, Amis de Dieu, parce que vous aidez puissamment et mystérieusement la Sainte Église. Avec vous nous adorons le Dieu trois fois Saint dans la liturgie.

Nous vous bénissons parce que vous aidez à vaincre le Malin qui lutte contre le dessein de Dieu.

→

Anges saints et bénis, obéissant à la voix du Seigneur, protégez-nous et protégez tout ce que nous avons. Entourez nos maisons, notre travail et nos vies de votre généreuse protection. Et qu'un jour, avec votre aide, nous puissions atteindre le Royaume Éternel, où nous adorerons avec vous la Sainte Trinité.

Avec Marie, notre mère, Reine des Anges et des Saints.

Ainsi soit-il.

6. PRIÈRE À L'ANGE GARDIEN DE SES ENFANTS

Des anges, Dieu vous a envoyé pour que vous gardiez par tous les chemins mon enfant, [*dire son prénom*].

Saint Ange gardien de [*dire son prénom*], son conseiller, inspirez-le.

Saint Ange gardien de [*dire son prénom*], son défenseur, protégez-le.

Saint Ange gardien de [*dire son prénom*], son fidèle ami, intercédez pour lui.

Saint Ange gardien de [*dire son prénom*], son consolateur, fortifiez-le.

Saint Ange gardien de [*dire son prénom*], son frère, défendez-le.

Saint Ange gardien de [*dire son prénom*], son maître, instruisez-le.

Saint Ange gardien de [*dire son prénom*], témoin de toutes ses actions, purifiez-le.

Saint Ange gardien de [*dire son prénom*], son aide, soutenez-le.

→

Saint Ange gardien de [*dire son prénom*], son intercesseur, parlez pour lui.

Saint Ange gardien de [*dire son prénom*], son guide, dirigez-le.

Saint Ange gardien de [*dire son prénom*], sa lumière, éclairez-le.

Gloire au Père, au Fils et au Saint-Esprit, comme il était au commencement, maintenant et toujours, pour les siècles des siècles. Ainsi soit-il.

7. SUPPLICATION ARDENTE AUX SAINTS ANGES

Dieu Tout-Puissant, Éternel, Un et Trine ! Avant de supplier les saints Anges, Vos serviteurs, nous tombons à genoux devant Vous et Vous adorons, Père, Fils et Saint-Esprit ! Soyez loués et bénis pour toute l'éternité. Que tous les Anges et tous les hommes que Vous avez créés vous adorent, Vous aiment et Vous servent, Dieu Saint, Dieu Fort, Dieu Éternel !

Et vous, Marie, Reine des Anges, Médiatrice de toutes les grâces, toute puissante dans votre prière, recevez avec bonté la prière que nous adressons à vos serviteurs, et faites-la monter vers le Trône du Très-Haut, pour que nous obtenions grâces, salut et secours. Ainsi soit-il.

Anges grands et saints !

Dieu vous envoie pour nous protéger et nous aider !

Nous vous supplions au Nom du Dieu Un et Trine, volez à notre secours !

Nous vous supplions au nom du Précieux Sang de Notre Seigneur Jésus-Christ, volez à notre secours !

Nous vous supplions au nom du Tout-Puissant Nom de Jésus, volez à notre secours ! →

Nous vous en supplions par toutes les plaies de Notre Seigneur Jésus-Christ, volez à notre secours !

Nous vous en supplions par toutes les tortures de Notre Seigneur Jésus-Christ, volez à notre secours !

Nous vous en supplions par la sainte Parole de Dieu, volez à notre secours !

Nous vous en supplions par le Cœur de Notre Seigneur Jésus-Christ, volez à notre secours !

Nous vous en supplions au nom de l'amour de Dieu pour les pauvres que nous sommes, volez à notre secours !

Nous vous en supplions au nom de la fidélité de Dieu pour les pauvres que nous sommes, volez à notre secours !

Nous vous en supplions au nom de la miséricorde de Dieu pour les pauvres que nous sommes, volez à notre secours !

Nous vous en supplions au nom de Marie, Mère de Dieu et notre Mère, volez à notre secours !

Nous vous en supplions au nom de Marie, Reine du Ciel et de la Terre, volez à notre secours !

→

Nous vous en supplions par votre propre bonheur, volez à notre secours !

Nous vous en supplions par votre propre fidélité, volez à notre secours !

Nous vous en supplions par votre force combative pour le règne de Dieu, volez à notre secours !

Nous vous en supplions : recouvrez-nous de votre bouclier !

Nous vous en supplions : protégez-nous de votre épée !

Nous vous en supplions : illuminez-nous de votre lumière !

Nous vous en supplions : abritez-nous sous le manteau de Marie !

Nous vous en supplions : enfermez-nous dans le Cœur de Marie !

Nous vous en supplions : déposez-nous entre les mains de Marie !

Nous vous en supplions : montrez-nous le chemin vers la Porte de la Vie : le Cœur ouvert de Notre Seigneur !

Nous vous en supplions : conduisez-nous sûrement vers la Maison Céleste du Père !

→

Tous les neufs chœurs des Esprits bienheureux, volez à notre secours !

Anges que Dieu nous a donnés comme compagnons particuliers, volez à notre secours !

Volez à notre secours, nous vous en supplions !

Parce que le Précieux Sang de Notre Seigneur et Roi fut versé pour nous, pauvres hommes, volez à notre secours, nous vous en supplions instamment !

Parce que le Cœur de Notre Seigneur et Roi bat par amour de nous, pauvres hommes, volez à notre secours, nous vous en supplions instamment !

Parce que le Cœur immaculé de Marie, la Vierge pure et votre Reine, bat par amour de nous, pauvres hommes, volez à notre secours, nous vous en supplions instamment !

Saint Michel Archange,

Vous êtes le Prince des armées du ciel, le vainqueur du dragon infernal ; vous avez reçu de Dieu la force et le pouvoir d'anéantir, par l'humilité, l'orgueil des puissances des ténèbres. Nous vous en supplions, suscitez en nous l'humilité authentique du cœur, la fidélité inébranlable afin d'accomplir toujours la volonté de Dieu, la force d'âme dans la souffrance et le dénuement. Aidez-nous à subsister devant le tribunal de Dieu !

→

Déliez-nous des liens du péché et de tout attachement au monde ! Dénouez ce bandeau de nos yeux que nous nous sommes noués nous-mêmes, pour nous dispenser de voir la misère qui nous entoure, pour pouvoir nous contempler nous-mêmes sans être dérangés et prendre en pitié !

Lancez en notre cœur l'aiguillon de la sainte inquiétude de Dieu, pour que nous ne cessions jamais de rechercher Dieu avec passion, contrition et amour !

Contemplez le Sang de Notre Seigneur, répandu par notre amour.

Contemplez les larmes de votre Reine, qu'elle a versées à cause de nous.

Contemplez l'image de Dieu, détériorée par nos péchés, que, par amour, Il avait imprimée dans notre âme !

Aidez-nous à reconnaître Dieu, à L'adorer, à L'aimer et à Le servir !

Aidez-nous dans la lutte contre les puissances des ténèbres qui nous encerclent et nous oppressent sournoisement.

Aidez-nous, que personne parmi nous ne se perde, et qu'un jour, dans la joie, nous puissions être réunis dans le bonheur éternel. Ainsi soit-il.

→

Saint Gabriel Archange,

Vous êtes l'Ange de l'Incarnation, le messager fidèle de Dieu ; ouvrez-nous l'oreille pour saisir les plus fidèles petits signes et appels du Cœur aimant de Notre Seigneur ! Soyez toujours devant nos yeux, nous vous en supplions, afin que nous comprenions correctement la Parole de Dieu pour la suivre, lui obéir, et pour accomplir ce que Dieu veut de nous. Rendez-nous vigilants dans l'attente du Seigneur pour qu'Il ne nous trouve pas endormis quand Il viendra !

Saint Raphaël Archange,

Vous êtes la flèche et le baume de l'amour de Dieu ! Nous vous en supplions, blessez notre cœur d'un amour ardent pour Dieu – et ne laissez jamais se refermer cette plaie, afin que nous restions sur le chemin d'amour dans la vie de tous les jours, et que nous franchissions tous les obstacles par la force de cet amour !

Aidez-nous, vous qui êtes nos frères grands et saints, serviteurs comme nous en présence de Dieu !

Protégez-nous contre nous-mêmes, contre notre lâcheté et notre tiédeur, contre notre égoïsme et notre avarice, contre notre jalousie et notre méfiance, contre notre suffisance et notre confort, contre notre envie d'être appréciés !

→

Saint Michel, luttez à nos côtés avec vos Anges, aidez-nous et priez pour nous.

Saint Gabriel, luttez à nos côtés avec vos Anges, aidez-nous et priez pour nous.

Saint Raphaël, luttez à nos côtés avec vos Anges, aidez-nous et priez pour nous.

Ô Dieu, qui organisez de façon admirable le service des anges et des hommes, faites que nous soyons protégés sur la Terre par ceux qui Vous servent dans les Cieux. Par Notre Seigneur Jésus-Christ, Votre Fils, dans l'unité de l'Esprit Saint. Ainsi soit-il.

8. LITANIE DES SAINTS ANGES

Seigneur, ayez pitié de nous.

Jésus-Christ, ayez pitié de nous.

Seigneur, ayez pitié de nous.

Jésus-Christ, écoutez-nous.

Jésus-Christ, exaucez-nous.

Dieu le Père, Créateur des Anges, ayez pitié de nous.

Dieu le Fils, Seigneur des Anges, ayez pitié de nous.

Esprit saint, Vie des Anges, ayez pitié de nous.

Trinité Sainte, délice de tous les anges, ayez pitié de nous.

Sainte Marie, priez pour nous.

Reine des Anges, priez pour nous.

Vous tous saints Chœurs des Esprits bienheureux, priez pour nous.

→

Saints Séraphins, anges d'Amour, priez pour nous.

Saints Chérubins, anges du Verbe, priez pour nous.

Saints Trônes, anges de la Vie, priez pour nous.

Saints Anges de l'Adoration, priez pour nous.

Saintes Dominations, priez pour nous.

Saintes Puissances, priez pour nous.

Saintes Principautés, priez pour nous.

Saintes Vertus, priez pour nous.

Saints Archanges, priez pour nous.

Saints Anges, priez pour nous.

Saint Michel Archange, vainqueur de Lucifer, ange de la foi et de l'humilité, gardien de la sainte Onction, patron des mourants, prince des milices célestes, compagnon des âmes des défunts, priez pour nous.

9. MA PRIÈRE SPÉCIALE POUR VOUS

J'achève ici mon bref récit sur les saints anges gardiens. J'espère avoir éclairé une bonne partie de vos questionnements à ce sujet. Pour conclure, je vous invite tous à prier avec moi :

« Seigneur, notre Dieu, nous prions en ce moment en votre puissante présence. Nous souhaitons vous livrer nos pensées et nos sentiments pour que votre lumière les illumine et les purifie. Nous demandons, avec ferveur, l'intercession de nos anges gardiens tout au long de notre vie. Que leur présence soit constante dans chaque situation de tristesse ou de joie que nous connaîtrons. Père Céleste, au nom de votre fils, Jésus-Christ, nous demandons d'atteindre une intimité chaque jour plus grande avec nos anges gardiens. Que les canaux de communication avec nos protecteurs angéliques s'améliorent et s'amplifient, afin que notre savoir spirituel soit de plus en plus grand. Donnez-nous vertu, paix, santé, protection et prospérité. Ainsi soit-il. »

REMERCIEMENTS

Je remercie, de tout cœur, mon cousin, Alexandre Pinheiro, et mon épouse, Natália, pour les inestimables débats que nous avons eus sur le contenu de ce livre. Que Dieu les bénisse toujours !

Découvrez également dans la collection

RESSOURCES & SENS

RÉVÉLEZ VOTRE POTENTIEL, TOUT EST DÉJÀ EN VOUS !

Achevé d'imprimer en mai 2019
sur les presses de la Nouvelle Imprimerie Laballery
58500 Clamecy
Dépôt légal : juin 2019
N° d'impression : 904280